사자소학

가족과 연인과 친구와 함께하는 쓰기책

북드라망 BookDramang

사자소학 가족과 연인과 친구와 함께하는 쓰기책

발행일 초판5쇄 2024년 2월 29일(甲辰年 丙寅月 癸亥日)
엮은이 북드라망 편집부 | **펴낸곳** 북드라망 | **펴낸이** 김현경
주소 서울시 종로구 사직로8길 24 1221호(내수동, 경희궁의아침 2단지)
전화 02-739-9918 | **이메일** bookdramang@gmail.com
표지디자인 booksoup(phsav@daum.net)

ISBN 979-11-86851-81-4 13640
이 도서의 국립중앙도서관 출판시도서목록(CIP)은 서지정보유통지원시스템 홈페이지
(http://seoji.nl.go.kr)와 국가자료공동목록시스템(http://www.nl.go.kr/kolisnet)에서
이용하실 수 있습니다.(CIP제어번호: CIP2018025179)

잘못 만들어진 책은 서점에서 바꿔 드립니다.
책값은 뒤표지에 있습니다.

책으로 여는 지혜의 인드라망, 북드라망 www.bookdramang.com

머리말

획순에 따라 차근차근, 가족·친구·연인과 함께 쓰는 사자소학

『사자소학』(四字小學)은 사람이 살아가면서 꼭 익혀야 할 마음가짐과 생활 습관을 정리해 놓은 『소학』(小學) 중에서도 가장 기본적이고도 필수적인 구절들만을 가려, 네 글자씩 묶어 놓은 책입니다. 『소학』을 좀더 쉽게 외워, 어려서부터 그 내용을 자연스레 체득하게 하기 위한 일종의 '소학 요약본'이라고 할 수도 있지요.

『사자소학』은 비단 수신서(修身書)일 뿐만 아니라, 어린 초학자들에게 다양한 한자의 용례를 소개하는 책이기도 합니다. 『사자소학』과 마찬가지로 전통시대의 초학서로 대표되는 『천자문』이 1,000개의 모두 다른 낱글자로 이루어진 데 비해, 『사자소학』은 전체 글자 수의 약 3분의 1 정도만이 겹치지 않는 글자입니다. 같은 글자라 하더라도 문맥에 따라 명사/동사로 달리 쓰이기도 하고, 같은 동사라 하더라도 여러 가지로 뜻을 푸는 법을 배울 수 있는 훌륭한 단어 활용집이지요.

그럼에도 우리 시대에는 『사자소학』을 처음부터 끝까지 읽고 써 본 이가 드뭅니다. 물론 쉬운 일은 아닙니다. 하지만 누군가와 함께한다면 그리 어렵지만은 않을 겁니다. 여기에 한 가지를 더 기억해 두면 됩니다. 바로 "시습문자/자획해정"(始習文字/字畫楷正), 처음 글을 배울 때는 글자의 획을 바르게 쓰라는 『사자소학』의 구절입니다. 이 『사자소학 쓰기책』에는 한 글자, 한 글자마다의 획순이 함께 실려 있습니다. 이 획순을 따라 바르게 필사한 후, 마지막 체크란에 함께 쓰는 이와 서로가 쓴 한자를 솔직히 평가해 주세요.

이렇게 매일매일 『사자소학』을 함께 옮기며 『사자소학』에서 말하는 나와 나를 둘러싼 관계, 지금 이 책을 함께 쓰고 있는 이와 나와의 관계를 찬찬히 돌아보실 수 있기를, 그래서 이 책이 여러분의 한자 실력 향상은 물론 주위사람들과 좋은 관계를 맺는 데 도움이 되기를 바랍니다.

★ 이 책 사용설명서

이 책은 낭송을 통해 고전을 눈과 입으로 익히는 낭송Q시리즈 중 『낭송 사자소학』의 목차와 풀이를 따라 가족·친구·연인 등과 함께 '사자소학'을 쓰면서 손으로 익히도록 구성한 책입니다. 서로 격려하고 체크하며, '사자소학'을 함께 익히는 즐거움을 맛볼 수 있도록, 다음 순서에 따라 하루하루 꾸준히 함께해 주세요.

1. 그날의 일차를 확인한 후 날짜를 씁니다. 그날의 문장과 풀이를 큰 소리로 읽어 주세요.

   35일차   년   월   일 → 날짜를 써 주세요.

   衣服雖惡 與之必着
   옷의 옷복 비록수 나쁠악 줄여 그것지 반드시필 입을착

   마음에 들지 않는 옷이라도 주시면 기꺼이 입어라. → 문장과 풀이를 큰 소리로 읽어 보세요.

2. 네 자, 네 자를 각 다섯 번씩 획순에 따라 정성스레 씁니다. 걱정 마세요. 생각보다 얼마 걸리지 않습니다.

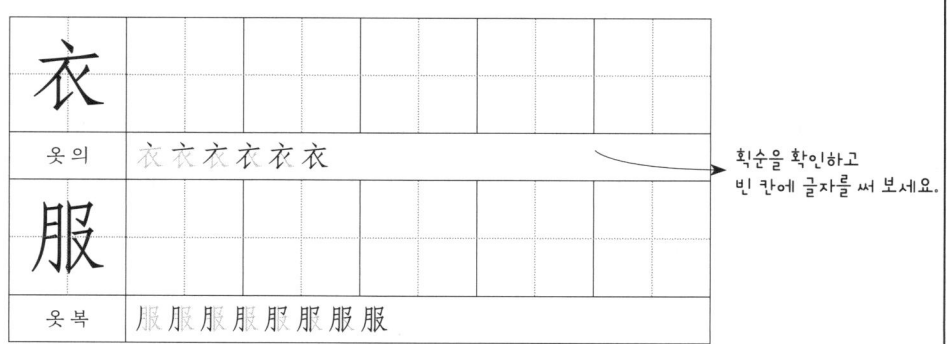

→ 획순을 확인하고 빈 칸에 글자를 써 보세요.

3. 문장 전체를 써 봅니다.

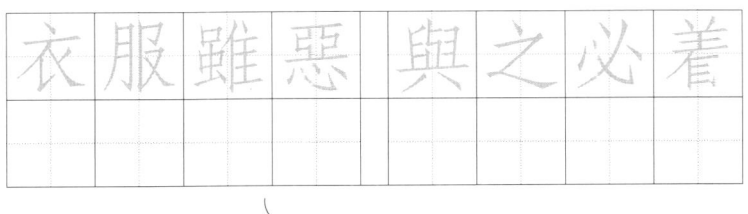

→ 윗줄의 본 위에도 전체 문장을 써 보세요.
그 느낌을 살려서 아랫줄에 한 번 더 써 보세요!

4. 세번째 단계까지 마친 후에는 함께 썼던 사람과 책을 바꿔 주세요. 그리고 상대의 한자 쓰기 실력을 가감 없이 평가한 후, 과감하게 체크해 주세요.

☆ 적당한 칸에 별표나 하트, 동그라미로 마음을 표현해 주세요!

☆☆ 천자는 원래 악필ㅋㅋ	☆☆☆ 언젠간 잘쓰게 될 거예요!	☆☆☆☆ 어디서 좀 배우셨나 봐요?	☆☆☆☆☆ 당신이 바로 한석봉!!

→ 자신만의 표시로
과감하게 체크해 주세요!

몇 개의 별을 받으셨나요? 뜻밖의 낮은 점수에 상대방을 원망하게 되진 않았나요? 그러면 잠깐 페이지를 뒤로 넘겨 96일차(196쪽)의 문장을 크게 읽어 보세요. 용기가 좀 생겼나요? 모쪼록 끝까지 함께하길 바랍니다! 행운을 빌어요!

★시작 전 팁 하나! 한자 쓰는 순서

한자는 대체로 다음과 같은 원칙에 따라 씁니다.
① 위에서 아래로, 좌에서 우로!
② 가로획과 세로획이 교차할 때는 가로를 먼저!
③ 둘러싼 모양의 글자는 바깥쪽 둘레를 먼저!
④ 가운데를 가로지르는 획은 가장 나중에!
⑤ 오른쪽 위의 점과 밑에 있는 점은 맨 나중에!

[예시]

1일차   년   월   일

父生我身   母鞠我身
아버지 부 날 생 나 아 몸 신   어머니 모 기를 국 나 아 몸 신

아버지 나를 낳으시고, 어머니 나를 기르셨다.

父						
아버지 부	父父父父					
生						
날 생	生生生生生					
我						
나 아	我我我我我我					
身						
몸 신	身身身身身身					

母					
어머니 모	母 母 母 母 母				
鞠					
기를 국	鞠 鞠 鞠 鞠 鞠 鞠 鞠 鞠 鞠 鞠 鞠 鞠 鞠 鞠 鞠				
我					
나 아	我 我 我 我 我 我 我				
身					
몸 신	身 身 身 身 身 身 身				

父生我身 母鞠我身

☆ 적당한 칸에 별표나 하트, 동그라미로 마음을 표현해 주세요!

☆☆ 천재는 원래 악필ㅋㅋ	☆☆☆ 언젠간 잘쓰게 될 거예요!	☆☆☆☆ 어디서 좀 배우셨나요?	☆☆☆☆☆ 당신이 바로 한석봉!!

2일차   년   월   일

腹以懷我 乳以哺我
배복　써이　품을회　나아　　젖유　써이　먹일포　나아

안아서 품어 주시고, 젖을 먹여 키우셨다.

腹										
배복	腹腹腹腹腹腹腹腹腹腹腹腹									
以										
써이	以以以以以									
懷										
품을회	懷懷懷懷懷懷懷懷懷懷懷懷懷懷									
我										
나아	我我我我我我我									

乳							
젖 유	乳乳乳乳乳乳乳乳						
以							
써 이	以以以以以						
哺							
먹일 포	哺哺哺哺哺哺哺哺哺						
我							
나 아	我我我我我我我						

腹以懷我 乳以哺我

☆ 적당한 칸에 별표나 하트, 동그라미로 마음을 표현해 주세요!

☆☆ 천재는 원래 악필ㅋㅋ	☆☆☆ 언젠간 잘쓰게 될 거예요!	☆☆☆☆ 어디서 좀 배우셨나 봐요?	☆☆☆☆☆ 당신이 바로 한석봉!!

3일차   년   월   일

以衣溫我 以食飽我
써이 옷의 따뜻할온 나아   써이 밥식 배부를포 나아

따뜻하게 입혀 주시고, 배부르게 먹이셨다.

以								
써이	以以以以以							
衣								
옷의	衣衣衣衣衣衣							
溫								
따뜻할 온	溫溫溫溫溫溫溫溫溫溫溫溫							
我								
나아	我我我我我我我							

以							
써 이	以 以 以 以 以						
食							
밥 식	食 食 食 食 食 食 食 食 食						
飽							
배부를 포	飽 飽 飽 飽 飽 飽 飽 飽 飽 飽 飽						
我							
나 아	我 我 我 我 我 我 我						

以 衣 溫 我　以 食 飽 我

☆ 적당한 칸에 별표나 하트, 동그라미로 마음을 표현해 주세요!

☆☆	☆☆☆	☆☆☆☆	☆☆☆☆☆
천재는 원래 악필ㅋㅋ	언젠간 잘 쓰게 될 거예요!	어디서 좀 배우셨나 뫄크?	당신이 바로 한석봉!!

4일차   년   월   일

恩高如天 德厚似地
은혜 은   높을 고   같을 여   하늘 천   덕 덕   두터울 후   같을 사   땅 지

그 은혜는 하늘처럼 높고, 덕은 땅처럼 두텁구나.

恩									
은혜 은	恩	恩	恩	恩	恩	恩	恩	恩	恩
高									
높을 고	高	高	高	高	高	高	高	高	高
如									
같을 여	如	如	如	如	如	如			
天									
하늘 천	天	天	天	天					

德								
덕 덕	德德德德德德德德德德							
厚								
두터울 후	厚厚厚厚厚厚厚厚厚							
似								
같을 사	似似似似似似似							
地								
땅 지	地地地地地地							

恩高如天 德厚似地

☆ 적당한 칸에 별표나 하트, 동그라미로 마음을 표현해 주세요!

☆☆ 천재는 원래 악필ㅋㅋ	☆☆☆ 언젠간 잘쓰게 될 거예요!	☆☆☆☆ 어디서 좀 배우셨나 봐요?	☆☆☆☆☆ 당신이 바로 한석봉!!

5일차   년 월 일

勿 登 高 樹   父 母 憂 之
말 물　오를 등　높을 고　나무 수　　아버지 부　어머니 모　근심할 우　그것 지

높은 나무에 오르지 마라, 부모님이 걱정하신다.

勿									
말 물	勿勿勿勿								
登									
오를 등	登登登登登登登登登登								
高									
높을 고	高高高高高高高高高高								
樹									
나무 수	樹樹樹樹樹樹樹樹樹樹樹樹樹樹								

父					
아버지 부	父 父 父 父				
母					
어머니 모	母 母 母 母 母				
憂					
근심할 우	憂 憂 憂 憂 憂 憂 憂 憂 憂 憂 憂 憂 憂 憂				
之					
그것 지	之 之 之 之				

勿 登 高 樹 父 母 憂 之

☆ 적당한 칸에 별표나 하트, 동그라미로 마음을 표현해 주세요!

☆☆ 천재는 원래 악필ㅋㅋ	☆☆☆ 언젠간 잘쓰게 될 거예요!	☆☆☆☆ 어디서 좀 배우셨나 봐요?	☆☆☆☆☆ 당신이 바로 한석봉!!

6일차 　　　년　월　일

勿 泳 深 淵　父 母 念 之
말 물　헤엄칠 영　깊을 심　못 연　　아버지 부　어머니 모　염려할 념　그것 지

깊은 연못에서 헤엄치지 마라, 부모님이 염려하신다.

勿								
말 물	勿勿勿勿							
泳								
헤엄칠 영	泳泳泳泳泳泳泳泳							
深								
깊을 심	深深深深深深深深深深深							
淵								
못 연	淵淵淵淵淵淵淵淵淵淵淵							

父						
아버지 부	父父父父					

母						
어머니 모	母母母母母					

念						
염려할 념	念念念念念念念念					

之						
그것 지	之之之之					

勿泳深淵 父母念之

☆ 적당한 칸에 별표나 하트, 동그라미로 마음을 표현해 주세요!

☆☆ 천재는 원래 악필ㅋㅋ	☆☆☆ 언젠간 잘쓰게 될 거예요!	☆☆☆☆ 어디서 좀 배우셨나 봐요?	☆☆☆☆☆ 당신이 바로 한석봉!!

7일차   년   월   일

勿與人鬪 父母不安
말물 더불여 사람인 싸울투   아버지부 어머니모 아니불 편안할안

남과 싸우지 마라, 부모님이 불안해하신다.

勿												
말 물	勿勿勿勿											
與												
더불 여	與與與與與與與與與與與與與											
人												
사람 인	人人											
鬪												
싸울 투	鬪鬪鬪鬪鬪鬪鬪鬪鬪鬪鬪鬪鬪鬪鬪鬪											

父					
아버지 부	父父父父				
母					
어머니 모	母母母母母				
不					
아니 불	不不不不				
安					
편안할 안	安安安安安安				

勿	與	人	鬪	父	母	不	安

☆ 적당한 칸에 별표나 하트, 동그라미로 마음을 표현해 주세요!

☆☆ 천재는 원래 악필ㅋㅋ	☆☆☆ 언젠간 잘쓰게 될 거예요!	☆☆☆☆ 어디서 좀 배우셨나 봐요?	☆☆☆☆☆ 당신이 바로 한석봉!!

8일차   년   월   일

父母責之 反省勿怨
아버지 부　어머니 모　꾸짖을 책　그것 지　　돌이킬 반　살필 성　　말 물　　원망할 원

부모님이 꾸짖으시면, 반성하고 원망하지 마라.

父									
아버지 부	父父父父								
母									
어머니 모	母母母母母								
責									
꾸짖을 책	責責責責責責責責責責								
之									
그것 지	之之之之								

反							
돌이킬 반	反反反反						
省							
살필 성	省省省省省省省省省						
勿							
말 물	勿勿勿勿						
怨							
원망할 원	怨怨怨怨怨怨怨怨怨						

父	母	責	之	反	省	勿	怨

☆ 적당한 칸에 별표나 하트, 동그라미로 마음을 표현해 주세요!

☆☆ 천재는 원래 악필ㅋㅋ	☆☆☆ 언젠간 잘쓰게 될 거예요!	☆☆☆☆ 어디서 좀 배우셨나 봐요?	☆☆☆☆☆ 당신이 바로 한석봉!!

9일차　　　년　월　일

追遠報本　祭祀必誠
쫓을 추　멀 원　갚을 보　근본 본　　제사 제　제사 사　반드시 필　정성 성

조상을 추모하는 것은 근본에 보답하는 것이니,
제사에는 반드시 정성을 다하라.

追								
쫓을 추	追 追 追 追 追 追 追 追							
遠								
멀 원	遠 遠 遠 遠 遠 遠 遠 遠 遠 遠							
報								
갚을 보	報 報 報 報 報 報 報 報 報 報							
本								
근본 본	本 本 本 本 本							

祭									
제사 제	祭祭祭祭祭祭祭祭祭祭祭								
祀									
제사 사	祀祀祀祀祀祀祀								
必									
반드시 필	必必必必必								
誠									
정성 성	誠誠誠誠誠誠誠誠誠誠誠誠誠								

追	遠	報	本	祭	祀	必	誠

☆ 적당한 칸에 별표나 하트, 동그라미로 마음을 표현해 주세요!

☆☆ 천재는 원래 악필ㅋㅋ	☆☆☆ 언젠간 잘 쓰게 될 거예요!	☆☆☆☆ 어디서 좀 배우셨나 쫘크?	☆☆☆☆☆ 당신이 바로 한석봉!!

10일차   년   월   일

非有先祖 我身曷生
아닐 비　있을 유　먼저 선　할아버지 조　나 아　몸 신　어찌 갈　날 생

선조가 있지 않으면, 내 몸이 어찌 생겼겠는가.

非							
아닐 비	非非非非非非非非						
有							
있을 유	有有有有有有						
先							
먼저 선	先先先先先先						
祖							
할아버지 조	祖祖祖祖祖祖祖祖						

我							
나 아	我我我我我我我						
身							
몸 신	身身身身身身身						
曷							
어찌 갈	曷曷曷曷曷曷曷曷曷						
生							
날 생	生生生生生						

非	有	先	祖	我	身	曷	生

☆ 적당한 칸에 별표나 하트, 동그라미로 마음을 표현해 주세요!

☆☆ 천재는 원래 악필ㅋㅋ	☆☆☆ 언젠간 잘 쓰게 될 거예요!	☆☆☆☆ 어디서 좀 배우셨나 봐요?	☆☆☆☆☆ 당신이 바로 한석봉!!

11일차　　　년　　월　　일

爲人子者 曷不爲孝

될위　사람인　아들자　사람자　　어찌갈　아니불　할위　효도효

자식이 되어서 어찌 효도하지 않겠는가.

爲									
될 위	爲 爲 爲 爲 爲 爲 爲 爲 爲 爲								
人									
사람 인	人 人								
子									
아들 자	子 子 子								
者									
사람 자	者 者 者 者 者 者 者 者								

曷					
어찌 갈	曷曷曷曷曷曷曷曷曷				
不					
아니 불	不不不不				
爲					
할 위	爲爲爲爲爲爲爲爲爲爲爲爲				
孝					
효도 효	孝孝孝孝孝孝孝				

爲人子者 曷不爲孝

☆ 적당한 칸에 별표나 하트, 동그라미로 마음을 표현해 주세요!

☆☆ 천재는 원래 악필ㅋㅋ	☆☆☆ 언젠간 잘쓰게 될 거예요!	☆☆☆☆ 어디서 좀 배우셨나 봐요?	☆☆☆☆☆ 당신이 바로 한석봉!!

12일차 년   월   일

欲 報 其 恩　昊 天 罔 極
하고자할욕　갚을보　그 기　은혜은　　하늘호　하늘천　없을망　끝극

부모님 은혜를 갚고자 하나, 높디높은 하늘처럼 끝이 없어라.

欲								
하고자 할 욕	欲 欲 欲 欲 欲 欲 欲 欲 欲							
報								
갚을 보	報 報 報 報 報 報 報 報 報							
其								
그 기	其 其 其 其 其 其 其 其							
恩								
은혜 은	恩 恩 恩 恩 恩 恩 恩 恩							

昊							
하늘 호	昊昊昊昊昊昊昊昊						
天							
하늘 천	天天天天						
罔							
없을 망	罔罔罔罔罔罔罔罔						
極							
끝 극	極極極極極極極極極極極極						

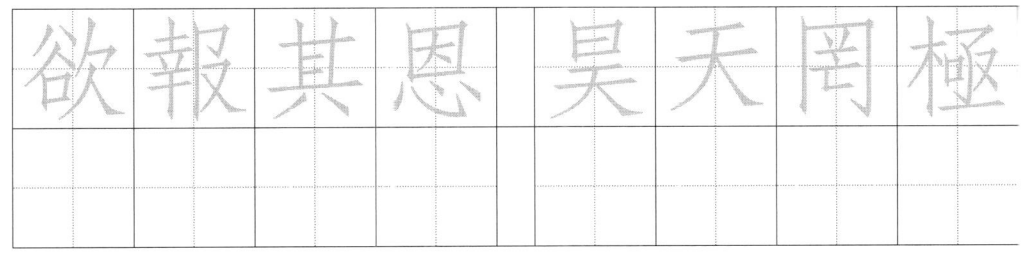

☆ 적당한 칸에 별표나 하트, 동그라미로 마음을 표현해 주세요!

☆☆	☆☆☆	☆☆☆☆	☆☆☆☆☆
천재는 원래 악필ㅋㅋ	언젠간 잘쓰게 될 거예요!	어디서 좀 배우셨나 봐요?	당신이 바로 한석봉!!

13일차   년   월   일

身體髮膚 受之父母
몸신　몸체　터럭발　살갗부　　받을수　어조사지　아버지부　어머니모

내 몸과 머리카락과 살은 부모님께 받은 것이다.

身								
몸 신	身 身 身 身 身 身 身							
體								
몸 체	體體體體體體體體體體體體體體體體體體							
髮								
터럭 발	髮髮髮髮髮髮髮髮髮髮髮髮髮髮髮							
膚								
살갗 부	膚膚膚膚膚膚膚膚膚膚膚膚膚							

受								
받을 수	受受受受受受受受							
之								
어조사 지	之之之之							
父								
아버지 부	父父父父							
母								
어머니 모	母母母母母							

身	體	髮	膚	受	之	父	母

☆ 적당한 칸에 별표나 하트, 동그라미로 마음을 표현해 주세요!

☆☆ 천재는 원래 악필ㅋㅋ	☆☆☆ 언젠간 잘 쓰게 될 거예요!	☆☆☆☆ 어디서 좀 배우셨나 봐요?	☆☆☆☆☆ 당신이 바로 한석봉!!

14일차 년 월 일

不敢毁傷 孝之始也

아니 불   감히 감   훼손할 훼   상할 상   효도 효   어조사 지   처음 시   어조사 야

감히 훼손하거나 다치게 할 수 없으니, 효도의 시작이다.

不						
아니 불	不不不不					
敢						
감히 감	敢敢敢敢敢敢敢敢敢敢敢					
毀						
훼손할 훼	毀毀毀毀毀毀毀毀毀毀毀					
傷						
상할 상	傷傷傷傷傷傷傷傷傷傷傷					

孝						
효도 효	孝孝孝孝孝孝孝					
之						
어조사 지	之之之之					
始						
처음 시	始始始始始始始始					
也						
어조사 야	也也也					

不	敢	毁	傷	孝	之	始	也

☆ 적당한 칸에 별표나 하트, 동그라미로 마음을 표현해 주세요!

☆☆ 천재는 원래 악필ㅋㅋ	☆☆☆ 언젠간 잘쓰게 될 거예요!	☆☆☆☆ 어디서 좀 배우셨나 뫄그?	☆☆☆☆☆ 당신이 바로 한석봉!!

15일차　　　년　월　일

晨 必 先 起　必 盥 必 漱

새벽 신　반드시 필　먼저 선　일어날 기　반드시 필　씻을 관　반드시 필　양치질할 수

반드시 새벽에 먼저 일어나, 세수하고 양치질하라.

晨								
새벽 신	晨晨晨晨晨晨晨晨晨晨							
必								
반드시 필	必必必必必							
先								
먼저 선	先先先先先先							
起								
일어날 기	起起起起起起起起起起							

必								
반드시 필	必必必必必							
盥								
씻을 관	盥盥盥盥盥盥盥盥盥盥盥盥盥盥							
必								
반드시 필	必必必必必							
漱								
양치질할 수	漱漱漱漱漱漱漱漱漱漱漱漱漱漱							

晨必先起 必盥必漱

☆ 적당한 칸에 별표나 하트, 동그라미로 마음을 표현해 주세요!

☆☆ 천재는 원래 악필ㅋㅋ	☆☆☆ 언젠간 잘 쓰게 될 거예요!	☆☆☆☆ 어디서 좀 배우셨나 뭐ㄷㄷ?	☆☆☆☆☆ 당신이 바로 한석봉!!

16일차   년   월   일

昏定晨省 冬溫夏凊

저녁 혼   정할 정   새벽 신   살필 성   겨울 동   따뜻할 온   여름 하   서늘할 청

저녁에는 잠자리를 봐 드리고, 새벽에는 안부를 물으며,
겨울에는 따뜻하게, 여름에는 시원하게 해드려라.

昏								
저녁 혼	昏 昏 昏 昏 昏 昏 昏 昏							
定								
정할 정	定 定 定 定 定 定 定 定							
晨								
새벽 신	晨 晨 晨 晨 晨 晨 晨 晨 晨 晨							
省								
살필 성	省 省 省 省 省 省 省 省							

冬							
겨울 동	冬冬冬冬冬						
溫							
따뜻할 온	溫溫溫溫溫溫溫溫溫溫溫溫						
夏							
여름 하	夏夏夏夏夏夏夏夏夏夏						
淸							
서늘할 청	淸淸淸淸淸淸淸淸淸淸						

昏	定	晨	省	冬	溫	夏	淸

☆ 적당한 칸에 별표나 하트, 동그라미로 마음을 표현해 주세요!

☆☆ 천재는 원래 악필ㅋㅋ	☆☆☆ 언젠간 잘쓰게 될거예요!	☆☆☆☆ 어디서 좀 배우셨나 봐요?	☆☆☆☆☆ 당신이 바로 한석봉!!

17일차 년   월   일

父母有疾 憂而謀瘳

아버지 부 어머니 모 있을 유 병 질   근심할 우 말 이을 이 꾀할 모 병 나을 추

부모님이 병드시면, 근심하고 낫게 할 것을 궁리하라.

父								
아버지 부	父父父父							
母								
어머니 모	母母母母母							
有								
있을 유	有有有有有有							
疾								
병 질	疾疾疾疾疾疾疾疾疾疾							

憂													
근심할 우	憂憂憂憂憂憂憂憂憂憂憂憂憂憂												
而													
말 이을 이	而而而而而而												
謀													
꾀할 모	謀謀謀謀謀謀謀謀謀謀謀謀謀謀謀												
瘳													
병 나을 추	瘳瘳瘳瘳瘳瘳瘳瘳瘳瘳瘳瘳瘳瘳瘳												

父母有疾 憂而謀瘳

☆ 적당한 칸에 별표나 하트, 동그라미로 마음을 표현해 주세요!

☆☆ 천재는 원래 악필ㅋㅋ	☆☆☆ 언젠간 잘 쓰게 될 거예요!	☆☆☆☆ 어디서 좀 배우셨나 봐요?	☆☆☆☆☆ 당신이 바로 한석봉!!

18일차 년 월 일

對案不食 思得良饌
대할 대 상 안 아니 불 먹을 식 생각할 사 얻을 득 좋을 양 반찬 찬

음식을 제대로 드시지 못할 때는, 좋아하시는 반찬을 마련해 드려라.

對	對 對 對 對 對 對 對 對 對 對 對 對								
대할 대									
案	案 案 案 案 案 案 案 案 案 案								
상 안									
不	不 不 不 不								
아니 불									
食	食 食 食 食 食 食 食 食 食								
먹을 식									

思						
생각할 사	思思思思思思思思					
得						
얻을 득	得得得得得得得得得得					
良						
좋을 양	良良良良良良良					
饌						
반찬 찬	饌饌饌饌饌饌饌饌饌饌饌饌饌饌饌					

對案不食 思得良饌

☆ 적당한 칸에 별표나 하트 동그라미로 마음을 표현해 주세요!

☆☆ 천재는 원래 악필ㅋㅋ	☆☆☆ 언젠간 잘쓰게 될 거예요!	☆☆☆☆ 어디서 좀 배우셨나 보_요?	☆☆☆☆☆ 당신이 바로 한석봉!!

19일차   년   월   일

雪 裏 求 筍 孟 宗 之 孝

눈 설   속 리   구할 구   죽순 순   맏 맹   마루 종   어조사 지   효도 효

눈 속에서 죽순을 구한 것은, 맹종의 효도이다.

雪							
눈 설	雪雪雪雪雪雪雪雪雪雪雪						
裏							
속 리	裏裏裏裏裏裏裏裏裏裏裏裏						
求							
구할 구	求求求求求求求						
筍							
죽순 순	筍筍筍筍筍筍筍筍筍筍						

孟							
만 맹	孟孟孟孟孟孟孟孟						
宗							
마루 종	宗宗宗宗宗宗宗宗						
之							
어조사 지	之之之之						
孝							
효도 효	孝孝孝孝孝孝孝						

雪	裏	求	筍	孟	宗	之	孝

☆ 적당한 칸에 별표나 하트, 동그라미로 마음을 표현해 주세요!

☆☆ 천재는 원래 악필ㅋㅋ	☆☆☆ 언젠간 잘쓰게 될 거예요!	☆☆☆☆ 어디서 좀 배우셨나 봐요?	☆☆☆☆☆ 당신이 바로 한석봉!!

20일차 년 월 일

剖 冰 得 鯉　王 祥 之 孝
쪼갤 부　얼음 빙　얻을 득　잉어 리　임금 왕　상서로울 상　어조사 지　효도 효

얼음을 깨고 잉어를 얻은 것은, 왕상의 효도이다.

剖								
쪼갤 부	剖 剖 剖 剖 剖 剖 剖 剖 剖							
冰								
얼음 빙	冰 冰 冰 冰 冰 冰							
得								
얻을 득	得 得 得 得 得 得 得 得 得							
鯉								
잉어 리	鯉 鯉 鯉 鯉 鯉 鯉 鯉 鯉 鯉 鯉 鯉 鯉 鯉 鯉 鯉							

王							
임금 왕	王 王 王 王						
祥							
상서로울 상	祥 祥 祥 祥 祥 祥 祥 祥 祥 祥						
之							
어조사 지	之 之 之 之						
孝							
효도 효	孝 孝 孝 孝 孝 孝 孝						

剖	冰	得	鯉	王	祥	之	孝

☆ 적당한 칸에 별표나 하트, 동그라미로 마음을 표현해 주세요!

☆☆ 천재는 원래 악필ㅋㅋ	☆☆☆ 언젠간 잘쓰게 될 거예요!	☆☆☆☆ 어디서 좀 배우셨나 봐요?	☆☆☆☆☆ 당신이 바로 한석봉!!

21일차　　　　년　　월　　일

父母無衣 勿思我衣
아버지부　어머니모　없을무　옷의　　말물　생각사　나아　옷의

부모님이 입을 것이 없으면, 내가 입을 옷을 생각하지 마라.

父									
아버지 부	父 父 父 父								
母									
어머니 모	母 母 母 母 母								
無									
없을 무	無 無 無 無 無 無 無 無 無 無								
衣									
옷 의	衣 衣 衣 衣 衣 衣								

勿							
말 물	勿勿勿勿						
思							
생각 사	思思思思思思思思						
我							
나 아	我我我我我我我						
衣							
옷 의	衣衣衣衣衣衣						

父母無衣 勿思我衣

☆ 적당한 칸에 별표나 하트, 동그라미로 마음을 표현해 주세요!

☆☆	☆☆☆	☆☆☆☆	☆☆☆☆☆
천재는 원래 악필ㅋㅋ	언젠간 잘쓰게 될 거예요!	어디서 좀 배우셨나 봐요?	당신이 바로 한석봉!!

22일차　　년　월　일

父 母 無 食　勿 思 我 食
아버지 부　어머니 모　없을 무　음식 식　　말 물　생각 사　나 아　음식 식

부모님이 드실 것이 없으면, 내가 먹을 음식을 생각하지 마라.

父									
아버지 부	父父父父								
母									
어머니 모	母母母母母								
無									
없을 무	無無無無無無無無無無無								
食									
음식 식	食食食食食食食食								

勿						
말 물	勿勿勿勿					
思						
생각 사	思思思思思思思思思					
我						
나 아	我我我我我我我					
食						
음식 식	食食食食食食食食食					

父	母	無	食	勿	思	我	食

☆ 적당한 칸에 별표나 하트, 동그라미로 마음을 표현해 주세요!

☆☆ 천재는 원래 악필ㅋㅋ	☆☆☆ 언젠간 잘쓰게 될 거예요!	☆☆☆☆ 어디서 좀 배우셨나 봐요?	☆☆☆☆☆ 당신이 바로 한석봉!!

 년 월 일

衣服帶靴 勿失勿裂
옷의 옷복 허리띠대 신발화   말물 잃을실 말물 찢을렬

옷과 신발은 잃어버리지 말고, 찢어지지 않게 조심하라.

衣										
옷 의	衣 衣 衣 衣 衣 衣									
服										
옷 복	服 服 服 服 服 服 服 服									
帶										
허리띠 대	帶 帶 帶 帶 帶 帶 帶 帶 帶 帶									
靴										
신발 화	靴 靴 靴 靴 靴 靴 靴 靴 靴 靴 靴 靴									

勿						
말 물	勿勿勿勿					

失						
잃을 실	失失失失失					

勿						
말 물	勿勿勿勿					

裂						
찢을 렬	裂裂裂裂裂裂裂裂裂裂裂裂					

衣	服	帶	靴	勿	失	勿	裂

☆ 적당한 칸에 별표나 하트, 동그라미로 마음을 표현해 주세요!

☆☆ 천재는 원래 악필ㅋㅋ	☆☆☆ 언젠간 잘쓰게 될 거예요!	☆☆☆☆ 어디서 좀 배우셨나 봐요?	☆☆☆☆☆ 당신이 바로 한석봉!!

24일차   년   월   일

父母愛之 喜而勿忘
아버지 부   어머니 모   사랑할 애   그것 지   기쁠 희   말 이을 이   말 물   잊을 망

부모님이 나를 사랑하시니, 기뻐하고 잊지 마라.

父							
아버지 부	父父父父						
母							
어머니 모	母母母母母						
愛							
사랑할 애	愛愛愛愛愛愛愛愛愛愛愛愛						
之							
그것 지	之之之之						

喜									
기쁠 희	喜	喜	喜	喜	喜	喜	喜	喜	喜 喜 喜
而									
말 이을 이	而	而	而	而	而	而			
勿									
말 물	勿	勿	勿	勿					
忘									
잊을 망	忘	忘	忘	忘	忘	忘	忘		

父	母	愛	之		喜	而	勿	忘

☆ 적당한 칸에 별표나 하트, 동그라미로 마음을 표현해 주세요!

☆☆ 천재는 원래 악필ㅋㅋ	☆☆☆ 언젠간 잘쓰게 될 거예요!	☆☆☆☆ 어디서 좀 배우셨나 봐요?	☆☆☆☆☆ 당신이 바로 한석봉!!

25일차   년   월   일

父母呼我 唯而趨進
아버지 부   어머니 모   부를 호   나 아   빨리대답할유   말 이을 이   달릴 추   나아갈 진

부모님이 부르시면, "네" 하고 바로 달려 나가라.

父							
아버지 부	父父父父						
母							
어머니 모	母母母母母						
呼							
부를 호	呼呼呼呼呼呼呼呼						
我							
나 아	我我我我我我我						

唯									
빨리 대답할 유	唯	唯	唯	唯	唯	唯	唯	唯	唯
而									
말 이을 이	而	而	而	而	而				
趨									
달릴 추	趨	趨	趨	趨	趨	趨	趨	趨	趨	趨	趨	趨	趨
進									
나아갈 진	進	進	進	進	進	進	進	進	進	進

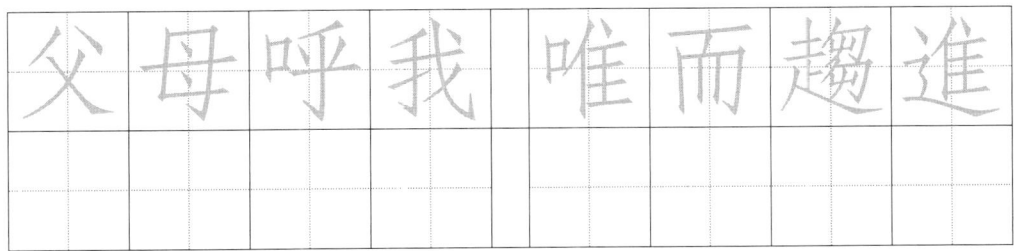

父母呼我 唯而趨進

☆ 적당한 칸에 별표나 하트, 동그라미로 마음을 표현해 주세요!

☆☆ 천재는 원래 악필ㅋㅋ	☆☆☆ 언젠간 잘쓰게 될 거예요!	☆☆☆☆ 어디서 좀 배우셨나 봐요?	☆☆☆☆☆ 당신이 바로 한석봉!!

26일차 년 월 일

父母使我 勿逆勿怠

아버지 부 어머니 모 시킬 사 나 아 말 물 거스를 역 말 물 게으를 태

부모님이 일을 시키시면, 어기지 말고 게을리 하지 마라.

父							
아버지 부	父 父 父 父						
母							
어머니 모	母 母 母 母 母						
使							
시킬 사	使 使 使 使 使 使 使						
我							
나 아	我 我 我 我 我 我 我						

勿							
말 물	勿勿勿勿						
逆							
거스를 역	逆逆逆逆逆逆逆逆						
勿							
말 물	勿勿勿勿						
怠							
게으를 태	怠怠怠怠怠怠怠怠怠						

父母使我 勿逆勿怠

☆ 적당한 칸에 별표나 하트, 동그라미로 마음을 표현해 주세요!

☆☆ 천재는 원래 악필ㅋㅋ	☆☆☆ 언젠간 잘쓰게 될 거예요!	☆☆☆☆ 어디서 좀 배우셨나 봐요?	☆☆☆☆☆ 당신이 바로 한석봉!!

27일차 년   월   일

父母有命 俯首敬聽
아버지 부 어머니 모 있을 유 명할 명   숙일 부 머리 수 공경할 경 들을 청

부모님이 가르침을 주시면, 머리 숙여 공경히 들어라.

父							
아버지 부	父父父父						
母							
어머니 모	母母母母母						
有							
있을 유	有有有有有						
命							
명할 명	命命命命命命命						

俯									
숙일 부	俯俯俯俯俯俯俯俯俯								
首									
머리 수	首首首首首首首首首								
敬									
공경할 경	敬敬敬敬敬敬敬敬敬敬敬敬								
聽									
들을 청	聽聽聽聽聽聽聽聽聽聽聽聽聽聽聽聽聽聽								

父	母	有	命	俯	首	敬	聽

☆ 적당한 칸에 별표나 하트, 동그라미로 마음을 표현해 주세요!

☆☆ 천재는 원래 악필ㅋㅋ	☆☆☆ 언젠간 잘쓰게 될 거예요!	☆☆☆☆ 어디서 좀 배우셨나 봐요?	☆☆☆☆☆ 당신이 바로 한석봉!!

28일차   년   월   일

坐命坐聽 立命立聽

앉을 좌   명할 명   앉을 좌   들을 청   설 립   명할 명   설 립   들을 청

앉아서 말씀하시면 앉아서 듣고, 서서 말씀하시면 서서 들어라.

坐					
앉을 좌	坐坐坐坐坐坐坐				
命					
명할 명	命命命命命命命命				
坐					
앉을 좌	坐坐坐坐坐坐坐				
聽					
들을 청	聽聽聽聽聽聽聽聽聽聽聽聽聽聽聽				

立							
설 립	立 立 立 立 立						
命							
명할 명	命 命 命 命 命 命 命						
立							
설 립	立 立 立 立 立						
聽							
들을 청	聽 聽 聽 聽 聽 聽 聽 聽 聽 聽 聽 聽 聽 聽 聽 聽 聽						

坐 命 坐 聽 立 命 立 聽

☆ 적당한 칸에 별표나 하트, 동그라미로 마음을 표현해 주세요!

☆☆ 천재는 원래 악필ㅋㅋ	☆☆☆ 언젠간 잘 쓰게 될 거예요!	☆☆☆☆ 어디서 좀 배우셨나 봐요?	☆☆☆☆☆ 당신이 바로 한석봉!!

29일차   년   월   일

膝前勿坐 親面勿仰
무릎 슬 　앞 전　 말 물　 앉을 좌　 어버이 친　 얼굴 면　 말 물　 올려다볼 앙

무릎 앞에 바짝 다가앉지 말고, 부모님 얼굴을 빤히 쳐다보지 마라.

膝		
무릎 슬	膝膝膝膝膝膝膝膝膝膝膝膝膝膝	
前		
앞 전	前前前前前前前前	
勿		
말 물	勿勿勿勿	
坐		
앉을 좌	坐坐坐坐坐坐坐	

親							
어버이 친	親 親 親 親 親 親 親 親 親 親 親 親						
面							
얼굴 면	面 面 面 面 面 面 面 面						
勿							
말 물	勿 勿 勿 勿						
仰							
올려다볼 앙	仰 仰 仰 仰 仰 仰						

膝	前	勿	坐	親	面	勿	仰

☆ 적당한 칸에 별표나 하트, 동그라미로 마음을 표현해 주세요!

☆☆	☆☆☆	☆☆☆☆	☆☆☆☆☆
천재는 원래 악필ㅋㅋ	언젠간 잘 쓰게 될 거예요!	어디서 좀 배우셨나 봐요?	당신이 바로 한석봉!!

30일차 년 월 일

侍 坐 親 前 勿 踞 勿 臥
모실 시　앉을 좌　어버이 친　앞 전　　말 물　걸터앉을 거　말 물　누울 와

부모님 앞에 앉아 있을 때는, 걸터앉지 말고 눕지 마라.

侍						
모실 시	侍 侍 侍 侍 侍 侍 侍					
坐						
앉을 좌	坐 坐 坐 坐 坐 坐 坐					
親						
어버이 친	親 親 親 親 親 親 親 親 親 親 親 親 親 親					
前						
앞 전	前 前 前 前 前 前 前 前					

勿							
말 물	勿勿勿勿						
踞							
걸터앉을 거	踞踞踞踞踞踞踞踞踞踞踞踞						
勿							
말 물	勿勿勿勿						
臥							
누울 와	臥臥臥臥臥臥臥臥						

侍	坐	親	前	勿	踞	勿	臥

☆ 적당한 칸에 별표나 하트, 동그라미로 마음을 표현해 주세요!

☆☆ 천재는 원래 악필ㅋㅋ	☆☆☆ 언젠간 잘 쓰게 될 거예요!	☆☆☆☆ 어디서 좀 배우셨나 봐요?	☆☆☆☆☆ 당신이 바로 한석봉!!

31일차 년 월 일

須勿放笑 亦勿高聲
모름지기 수 / 말 물 / 클 방 / 웃을 소 / 또 역 / 말 물 / 높을 고 / 소리 성

거리낌 없이 웃지 말고, 큰 소리로 떠들지 마라.

須								
모름지기 수	須須須須須須須須須須須							
勿								
말 물	勿勿勿勿							
放								
클 방	放放放放放放放放							
笑								
웃을 소	笑笑笑笑笑笑笑笑笑笑							

亦							
또 역	亦亦亦亦亦亦						
勿							
말 물	勿勿勿勿						
高							
높을 고	高高高高高高高高高						
聲							
소리 성	聲聲聲聲聲聲聲聲聲聲聲聲聲聲聲聲						

須勿放笑 亦勿高聲

☆ 적당한 칸에 별표나 하트, 동그라미로 마음을 표현해 주세요!

☆☆ 천재는 원래 악필ㅋㅋ	☆☆☆ 언젠간 잘 쓰게 될 거예요!	☆☆☆☆ 어디서 좀 배우셨나 봐요?	☆☆☆☆☆ 당신이 바로 한석봉!!

32일차   년   월   일

侍坐父母 勿怒責人

모실 시　앉을 좌　아버지 부　어머니 모　　말 물　성낼 노　꾸짖을 책　사람 인

부모님과 함께 있을 때는, 다른 사람에게 성내며 꾸짖지 마라.

侍							
모실 시	侍侍侍侍侍侍侍侍						
坐							
앉을 좌	坐坐坐坐坐坐坐						
父							
아버지 부	父父父父						
母							
어머니 모	母母母母母						

勿								
말 물	勿勿勿勿							
怒								
성낼 노	怒怒怒怒怒怒怒怒怒							
責								
꾸짖을 책	責責責責責責責責責責							
人								
사람 인	人人							

侍	坐	父	母	勿	怒	責	人

☆ 적당한 칸에 별표나 하트, 동그라미로 마음을 표현해 주세요!

☆☆ 천재는 원래 악필ㅋㅋ	☆☆☆ 언젠간 잘쓰게 될 거예요!	☆☆☆☆ 어디서 좀 배우셨나 봐요?	☆☆☆☆☆ 당신이 바로 한석봉!!

33일차 년 월 일

獻物父母 跪而進之
드릴 헌 물건 물 아버지 부 어머니 모 꿇어앉을 궤 말 이을 이 올릴 진 그것 지

부모님께 물건을 드릴 때에는, 무릎을 꿇고 앉아서 드려라.

獻	
드릴 헌	獻獻獻獻獻獻獻獻獻獻獻獻獻獻獻
物	
물건 물	物物物物物物物
父	
아버지 부	父父父父
母	
어머니 모	母母母母母

跪										
꿇어앉을 궤	跪	跪	跪	跪	跪	跪	跪	跪	跪	跪
而										
말 이을 이	而	而	而	而	而	而				
進										
올릴 진	進	進	進	進	進	進	進	進	進	進
之										
그것 지	之	之	之	之						

獻	物	父	母	跪	而	進	之		

☆ 적당한 칸에 별표나 하트, 동그라미로 마음을 표현해 주세요!

☆☆ 천재는 원래 악필ㅋㅋ	☆☆☆ 언젠간 잘 쓰게 될 거예요!	☆☆☆☆ 어디서 좀 배우셨나 봐요?	☆☆☆☆☆ 당신이 바로 한석봉!!

34일차   년   월   일

與我飲食 跪而受之
줄 여 나 아 마실 음 먹을 식 꿇어앉을 궤 말 이을 이 받을 수 그것 지

부모님이 음식을 주시거든, 무릎을 꿇고 앉아서 받아라.

與											
줄 여	與與與與與與與與與與與與										
我											
나 아	我我我我我我我										
飲											
마실 음	飲飲飲飲飲飲飲飲飲飲飲飲										
食											
먹을 식	食食食食食食食食										

跪							
꿇어앉을 궤	跪 跪 跪 跪 跪 跪 跪 跪 跪 跪 跪						
而							
말 이을 이	而 而 而 而 而 而						
受							
받을 수	受 受 受 受 受 受 受 受						
之							
그것 지	之 之 之 之						

與 我 飲 食 跪 而 受 之

☆ 적당한 칸에 별표나 하트, 동그라미로 마음을 표현해 주세요!

☆☆ 천재는 원래 악필ㅋㅋ	☆☆☆ 언젠간 잘쓰게 될 거예요!	☆☆☆☆ 어디서 좀 배우셨나 봐요?	☆☆☆☆☆ 당신이 바로 한석봉!!

35일차 　　년　월　일

衣服雖惡 與之必着
옷의　옷복　비록수　나쁠악　　줄여　그것지　반드시필　입을착

마음에 들지 않는 옷이라도 주시면 기꺼이 입어라.

衣					
옷의	衣衣衣衣衣衣				
服					
옷복	服服服服服服服服服服服服				
雖					
비록수	雖雖雖雖雖雖雖雖雖雖雖雖雖雖				
惡					
나쁠악	惡惡惡惡惡惡惡惡惡惡				

與							
줄 여	與 與 與 與 與 與 與 與 與 與 與 與 與						
之							
그것 지	之 之 之 之						
必							
반드시 필	必 必 必 必 必						
着							
입을 착	着 着 着 着 着 着 着 着 着 着 着						

衣	服	雖	惡	與	之	必	着

☆ 적당한 칸에 별표나 하트, 동그라미로 마음을 표현해 주세요!

☆☆ 천재는 원래 악필ㅋㅋ	☆☆☆ 언젠간 잘쓰게 될 거예요!	☆☆☆☆ 어디서 좀 배우셨나 봐요?	☆☆☆☆☆ 당신이 바로 한석봉!!

36일차   년   월   일

飮食雖厭 與之必食
마실 음 먹을 식 비록 수 싫을 염   줄 여 그것 지 반드시 필 먹을 식

입에 맞지 않는 음식이라도 주시면 반드시 먹어라.

飮								
마실 음	飮飮飮飮飮飮飮飮飮飮飮飮							
食								
먹을 식	食食食食食食食食食							
雖								
비록 수	雖雖雖雖雖雖雖雖雖雖雖雖雖雖雖							
厭								
싫을 염	厭厭厭厭厭厭厭厭厭厭厭厭厭							

與									
줄 여	與 與 與 與 與 與 與 與 與 與 與 與								
之									
그것 지	之 之 之 之								
必									
반드시 필	必 必 必 必 必								
食									
먹을 식	食 食 食 食 食 食 食 食 食								

飮	食	雖	厭	與	之	必	食

☆ 적당한 칸에 별표나 하트, 동그라미로 마음을 표현해 주세요!

☆☆ 천재는 원래 악필ㅋㅋ	☆☆☆ 언젠간 잘 쓰게 될 거예요!	☆☆☆☆ 어디서 좀 배우셨나 봐요?	☆☆☆☆☆ 당신이 바로 한석봉!!

참! 잘했어요

37일차   년   월   일

室 堂 有 塵   常 必 灑 掃
방 실   집 당   있을 유   먼지 진   항상 상   반드시 필   물 뿌릴 쇄   쓸 소

방과 마루에 먼지가 있으면, 항상 물 뿌리고 청소하라.

室								
방 실	室室室室室室室室室							
堂								
집 당	堂堂堂堂堂堂堂堂堂堂堂							
有								
있을 유	有有有有有有							
塵								
먼지 진	塵塵塵塵塵塵塵塵塵塵塵							

常						
항상 상	常常常常常常常常常常					
必						
반드시 필	必必必必必					
灑						
물 뿌릴 쇄	灑灑灑灑灑灑灑灑灑灑灑灑灑灑灑灑灑					
掃						
쓸 소	掃掃掃掃掃掃掃掃掃掃					

室堂有塵 常必灑掃

☆ 적당한 칸에 별표나 하트, 동그라미로 마음을 표현해 주세요!

☆☆ 천재는 원래 악필ㅋㅋ	☆☆☆ 언젠간 잘쓰게 될 거예요!	☆☆☆☆ 어디서 좀 배우셨나 봐요?	☆☆☆☆☆ 당신이 바로 한석봉!!

38일차 년 월 일

勿 立 門 中　勿 坐 房 中
말 물　설 립　문 문　가운데 중　말 물　앉을 좌　방 방　가운데 중

문지방을 밟고 서지 말고, 방 한가운데 앉지 마라.

勿						
말 물	勿勿勿勿					
立						
설 립	立立立立立					
門						
문 문	門門門門門門門					
中						
가운데 중	中中中中					

勿						
말 물	勿勿勿勿					
坐						
앉을 좌	坐坐坐坐坐坐坐					
房						
방 방	房房房房房房房房					
中						
가운데 중	中中中中					

勿立門中 勿坐房中

☆ 적당한 칸에 별표나 하트, 동그라미로 마음을 표현해 주세요!

☆☆ 천재는 원래 악필ㅋㅋ	☆☆☆ 언젠간 잘쓰게 될 거예요!	☆☆☆☆ 어디서 좀 배우셨나 봐요?	☆☆☆☆☆ 당신이 바로 한석봉!!

39일차 년 월 일

行勿慢步 坐勿倚身

다닐 행 말 물 거만할 만 걸음 보 앉을 좌 말 물 기댈 의 몸 신

걸을 때 흐느적거리지 말고, 앉을 때 몸을 기대지 마라.

行								
다닐 행	行行行行行行							
勿								
말 물	勿勿勿勿							
慢								
거만할 만	慢慢慢慢慢慢慢慢慢慢慢慢							
步								
걸음 보	步步步步步步步							

坐							
앉을 좌	坐坐坐坐坐坐坐						
勿							
말 물	勿勿勿勿						
倚							
기댈 의	倚倚倚倚倚倚倚倚倚倚						
身							
몸 신	身身身身身身身						

行勿慢步 坐勿倚身

☆ 적당한 칸에 별표나 하트, 동그라미로 마음을 표현해 주세요!

☆☆ 천재는 원래 악필ㅋㅋ	☆☆☆ 언젠간 잘쓰게 될 거예요!	☆☆☆☆ 어디서 좀 배우셨나봐요?	☆☆☆☆☆ 당신이 바로 한석봉!!

40일차 년 월 일

口 勿 雜 談 手 勿 雜 戱

입구 말물 섞일잡 말씀담   손수 말물 섞일잡 놀이희

입으로 잡담하지 말고, 손으로 장난치지 마라.

口													
입구	口 口 口												
勿													
말물	勿 勿 勿 勿												
雜													
섞일잡	雜 雜 雜 雜 雜 雜 雜 雜 雜 雜 雜 雜 雜 雜												
談													
말씀담	談 談 談 談 談 談 談 談 談 談 談 談 談 談												

手						
손수	手手手手					
勿						
말물	勿勿勿勿					
雜						
섞일 잡	雜雜雜雜雜雜雜雜雜雜雜雜雜雜雜					
戲						
놀이 희	戲戲戲戲戲戲戲戲戲戲戲戲戲戲戲					

口勿雜談 手勿雜戲

☆ 적당한 칸에 별표나 하트, 동그라미로 마음을 표현해 주세요!

☆☆ 천재는 원래 악필ㅋㅋ	☆☆☆ 언젠간 잘 쓰게 될 거예요!	☆☆☆☆ 어디서 좀 배우셨나 봐요?	☆☆☆☆☆ 당신이 바로 한석봉!!

41일차 년 월 일

器有飮食 不與勿食

그릇 기 있을유 마실 음 먹을 식   아니 불 줄 여 말 물 먹을 식

그릇에 음식이 있더라도 주시지 않으면 먹지 마라.

器													
그릇 기	器 器 器 器 器 器 器 器 器 器 器 器 器 器
有													
있을 유	有 有 有 有 有 有
飮													
마실 음	飮 飮 飮 飮 飮 飮 飮 飮 飮 飮 飮
食													
먹을 식	食 食 食 食 食 食 食 食

不							
아니 불	不不不不						
與							
줄 여	與與與與與與與與與與與與與						
勿							
말 물	勿勿勿勿						
食							
먹을 식	食食食食食食食食食						

器 有 飮 食 不 與 勿 食

☆ 적당한 칸에 별표나 하트, 동그라미로 마음을 표현해 주세요!

☆☆ 천재는 원래 악필ㅋㅋ	☆☆☆ 언젠간 잘쓰게 될 거예요!	☆☆☆☆ 어디서 좀 배우셨나 봐요?	☆☆☆☆☆ 당신이 바로 한석봉!!

87

42일차   년   월   일

父母衣服 勿踰勿踐

아버지부   어머니모   옷의   옷복   말물   넘을유   말물   밟을천

부모님의 옷을 넘어 다니지 말고, 밟지 마라.

父					
아버지 부	父父父父				
母					
어머니 모	母母母母母				
衣					
옷 의	衣衣衣衣衣衣				
服					
옷 복	服服服服服服服服				

勿								
말 물	勿勿勿勿							
踰								
넘을 유	踰踰踰踰踰踰踰踰踰踰踰踰踰踰							
勿								
말 물	勿勿勿勿							
踐								
밟을 천	踐踐踐踐踐踐踐踐踐踐踐踐踐踐							

父	母	衣	服	勿	踰	勿	踐

☆ 적당한 칸에 별표나 하트, 동그라미로 마음을 표현해 주세요!

☆☆ 천재는 원래 악필ㅋㅋ	☆☆☆ 언젠간 잘쓰게 될 거예요!	☆☆☆☆ 어디서 좀 배우셨나 봐요?	☆☆☆☆☆ 당신이 바로 한석봉!!

43일차   년   월   일

出入門戶 開閉必恭
나갈 출 들어갈 입 문 문 문 호   열 개 닫을 폐 반드시 필 공손할 공

나가고 들어올 때 열고 닫는 것을 반드시 공손히 하라.

出							
나갈 출	出 出 出 出 出						
入							
들어갈 입	入 入						
門							
문 문	門 門 門 門 門 門 門						
戶							
문 호	戶 戶 戶 戶						

開									
열 개	開 開 開 開 開 開 開 開 開 開 開

閉									
닫을 폐	閉 閉 閉 閉 閉 閉 閉 閉 閉 閉

必									
반드시 필	必 必 必 必 必

恭									
공손할 공	恭 恭 恭 恭 恭 恭 恭 恭 恭 恭

出 入 門 戶 開 閉 必 恭

☆ 적당한 칸에 별표나 하트, 동그라미로 마음을 표현해 주세요!

☆☆ 천재는 원래 악필ㅋㅋ	☆☆☆ 언젠간 잘쓰게 될 거예요!	☆☆☆☆ 어디서 좀 배우셨나 봐요?	☆☆☆☆☆ 당신이 바로 한석봉!!

44일차   년   월   일

父母出入 每必起立

아버지 부　어머니 모　나갈 출　들어갈 입　　매번 매　반드시 필　일어날 기　설 립

부모님이 나가고 들어오실 때 매번 일어나 서 있어라.

父							
아버지 부	父 父 父 父						
母							
어머니 모	母 母 母 母 母						
出							
나갈 출	出 出 出 出 出						
入							
들어갈 입	入 入						

每							
매번 매	每每每每每每每						
必							
반드시 필	必必必必必						
起							
일어날 기	起起起起起起起起起起						
立							
설 립	立立立立立						

父 母 出 入 每 必 起 立

☆ 적당한 칸에 별표나 하트, 동그라미로 마음을 표현해 주세요!

☆☆ 천재는 원래 악필ㅋㅋ	☆☆☆ 언젠간 잘쓰게 될 거예요!	☆☆☆☆ 어디서 좀 배우셨나 봐요?	☆☆☆☆☆ 당신이 바로 한석봉!!

45일차 년   월   일

出必告之 反必面之
나갈 출 반드시 필 아뢸 고 그것 지   돌아올 반 반드시 필 얼굴 면 그것 지

나갈 때는 반드시 부모님께 고하고, 돌아와서는 반드시 얼굴을 보여라.

出							
나갈 출	出 出 出 出 出						
必							
반드시 필	必 必 必 必 必						
告							
아뢸 고	告 告 告 告 告 告						
之							
그것 지	之 之 之 之						

反					
돌아올 반	反反反反				

必					
반드시 필	必必必必				

面					
얼굴 면	面面面面面面面面				

之					
그것 지	之之之之				

出 必 告 之 反 必 面 之

☆ 적당한 칸에 별표나 하트, 동그라미로 마음을 표현해 주세요!

☆☆ 천재는 원래 악필ㅋㅋ	☆☆☆ 언젠간 잘 쓰게 될 거예요!	☆☆☆☆ 어디서 좀 배우셨나 봐요?	☆☆☆☆☆ 당신이 바로 한석봉!!

46일차　　년　월　일

愼勿遠遊 遊必有方
삼갈 신　말 물　멀 원　놀 유　　놀 유　반드시 필　있을 유　장소 방

멀리 가지 말고, 가더라도 반드시 가는 곳을 알려라.

愼										
삼갈 신	愼 愼 愼 愼 愼 愼 愼 愼 愼 愼 愼 愼									
勿										
말 물	勿 勿 勿 勿									
遠										
멀 원	遠 遠 遠 遠 遠 遠 遠 遠 遠 遠 遠									
遊										
놀 유	遊 遊 遊 遊 遊 遊 遊 遊 遊 遊 遊									

遊						
놀 유	遊 遊 遊 遊 遊 遊 遊 遊 遊 遊					
必						
반드시 필	必 必 必 必 必					
有						
있을 유	有 有 有 有 有 有					
方						
장소 방	方 方 方 方					

愼	勿	遠	遊	遊	必	有	方

☆ 적당한 칸에 별표나 하트, 동그라미로 마음을 표현해 주세요!

☆☆ 천재는 원래 악필ㅋㅋ	☆☆☆ 언젠간 잘쓰게 될 거예요!	☆☆☆☆ 어디서 좀 배우셨나 봐요?	☆☆☆☆☆ 당신이 바로 한석봉!!

47일차   년   월   일

事必稟行 無敢自專
일 사 반드시 필 여쭐 품 행할 행   없을 무 감히 감 스스로 자 제멋대로할 전

일을 할 때는 반드시 여쭤 보고, 제멋대로 하지 마라.

事								
일 사	事事事事事事事事							
必								
반드시 필	必必必必必							
稟								
여쭐 품	稟稟稟稟稟稟稟稟稟稟稟							
行								
행할 행	行行行行行行							

無										
없을 무	無	無	無	無	無	無	無	無	無	無
敢										
감히 감	敢	敢	敢	敢	敢	敢	敢	敢	敢	敢
自										
스스로 자	自	自	自	自	自	自				
專										
제멋대로할전	專	專	專	專	專	專	專	專	專	專

事	必	稟	行		無	敢	自	專

☆ 적당한 칸에 별표나 하트, 동그라미로 마음을 표현해 주세요!

☆☆ 천재는 원래 악필ㅋㅋ	☆☆☆ 언젠간 잘쓰게 될 거예요!	☆☆☆☆ 어디서 좀 배우셨나 봐요?	☆☆☆☆☆ 당신이 바로 한석봉!!

48일차　　　　년　　월　　일

一 欺 父 母　其 罪 如 山
한 일　속일 기　아버지 부　어머니 모　　그 기　허물 죄　같을 여　뫼 산

한 번이라도 부모님을 속이면 그 죄가 산과 같다.

一									
한 일	一								
欺									
속일 기	欺 欺 欺 欺 欺 欺 欺 欺 欺 欺 欺 欺								
父									
아버지 부	父 父 父 父								
母									
어머니 모	母 母 母 母 母								

其							
그 기	其其其其其其其其						
罪							
허물 죄	罪罪罪罪罪罪罪罪罪罪罪罪罪						
如							
같을 여	如如如如如如						
山							
뫼 산	山山山						

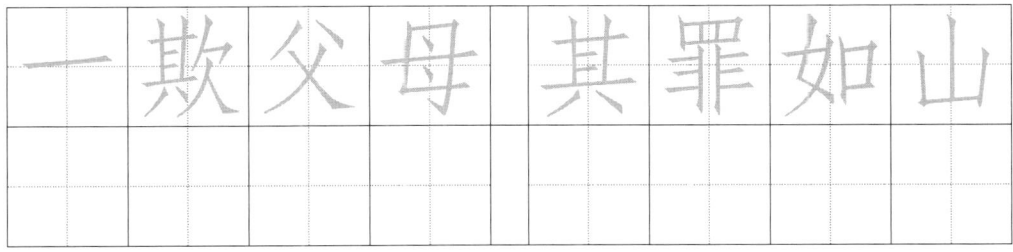

一 欺 父 母 其 罪 如 山

☆ 적당한 칸에 별표나 하트, 동그라미로 마음을 표현해 주세요!

☆☆ 천재는 원래 악필ㅋㅋ	☆☆☆ 언젠간 잘 쓰게 될ㅋ예요!	☆☆☆☆ 어디서 좀 배우셨나 뫄요?	☆☆☆☆☆ 당신이 바로 한석봉!!

49일차 년   월   일

事親如此 可謂孝矣

섬길 사 어버이 친 같을 여 이 차   옳을 가 이를 위 효도 효 어조사 의

부모님 섬기기를 이와 같이 하면 효도한다 할 만하다.

事							
섬길 사	事事事事事事事事						
親							
어버이 친	親親親親親親親親親親親親親親						
如							
갈을 여	如如如如如如						
此							
이 차	此此此此此此						

可						
옳을 가	可可可可可					
謂						
이를 위	謂謂謂謂謂謂謂謂謂謂謂謂謂謂					
孝						
효도 효	孝孝孝孝孝孝孝					
矣						
어조사 의	矣矣矣矣矣矣矣					

事	親	如	此	可	謂	孝	矣

☆ 적당한 칸에 별표나 하트, 동그라미로 마음을 표현해 주세요!

☆☆ 천재는 원래 악필ㅋㅋ	☆☆☆ 언젠간 잘쓰게 될 거예요!	☆☆☆☆ 어디서 좀 배우셨나 봐요?	☆☆☆☆☆ 당신이 바로 한석봉!!

50일차   년   월   일

不 能 如 此　禽 獸 無 異
아니 불　능할 능　같을 여　이 차　　새 금　짐승 수　없을 무　다를 이

이와 같이 하지 않으면 금수와 다름이 없다.

不							
아니 불	不不不不						
能							
능할 능	能能能能能能能能能能						
如							
같을 여	如如如如如如						
此							
이 차	此此此此此此						

禽					
새 금	禽禽禽禽禽禽禽禽禽禽禽禽禽				
獸					
짐승 수	獸獸獸獸獸獸獸獸獸獸獸獸獸獸獸獸				
無					
없을 무	無無無無無無無無無無無無				
異					
다를 이	異異異異異異異異異異異				

不能如此 禽獸無異

☆ 적당한 칸에 별표나 하트, 동그라미로 마음을 표현해 주세요!

☆☆	☆☆☆	☆☆☆☆	☆☆☆☆☆
천재는 원래 악필ㅋㅋ	언젠간 잘쓰게 될 거예요!	어디서 좀 배우셨나 봐요?	당신이 바로 한석봉!!

51일차 년 월 일

兄弟姉妹 同氣而生
맏 형　아우 제　언니 자　누이 매　　같을 동　기운 기　말 이을 이　날 생

형제와 자매는 같은 기운을 받고 태어났다.

兄							
맏 형	兄兄兄兄兄						
弟							
아우 제	弟弟弟弟弟弟弟						
姉							
언니 자	姉姉姉姉姉姉姉姉						
妹							
누이 매	妹妹妹妹妹妹妹妹						

同									
같을 동	同同同同同同								
氣									
기운 기	氣氣氣氣氣氣氣氣氣氣								
而									
말 이을 이	而而而而而而								
生									
날 생	生生生生生								

兄	弟	姊	妹	同	氣	而	生

☆ 적당한 칸에 별표나 하트, 동그라미로 마음을 표현해 주세요!

☆☆ 천재는 원래 악필ㅋㅋ	☆☆☆ 언젠간 잘쓰게 될 거예요!	☆☆☆☆ 어디서 좀 배우셨나 봐요?	☆☆☆☆☆ 당신이 바로 한석봉!!

52일차 　　년　　월　　일

兄友弟恭　不敢怨怒
맏 형　우애할 우　아우 제　공손할 공　　아니 불　감히 감　원망할 원　성낼 노

형은 아껴 주고, 아우는 공손하여 원망하거나 성내지 않는다.

兄							
맏 형	兄兄兄兄兄						
友							
우애할 우	友友友友						
弟							
아우 제	弟弟弟弟弟弟弟						
恭							
공손할 공	恭恭恭恭恭恭恭恭恭恭						

不									
아니 불	不不不不								
敢									
감히 감	敢敢敢敢敢敢敢敢敢敢								
怨									
원망할 원	怨怨怨怨怨怨怨怨								
怒									
성낼 노	怒怒怒怒怒怒怒怒怒								

兄	友	弟	恭	不	敢	怨	怒

☆ 적당한 칸에 별표나 하트, 동그라미로 마음을 표현해 주세요!

☆☆ 천재는 원래 악필ㅋㅋ	☆☆☆ 언젠간 잘쓰게 될 거예요!	☆☆☆☆ 어디서 좀 배우셨나 뵈요?	☆☆☆☆☆ 당신이 바로 한석봉!!

53일차   년   월   일

骨 肉 雖 分   本 生 一 氣
뼈골 살육 비록수 나눌분   본래본 날생 한일 기운기

몸은 비록 다르지만, 본래 한 기운에서 태어났다.

骨									
뼈골	骨骨骨骨骨骨骨骨骨骨								
肉									
살육	肉肉肉肉肉肉								
雖									
비록수	雖雖雖雖雖雖雖雖雖雖雖雖雖雖雖								
分									
나눌분	分分分分								

本							
본래 본	本木本木本						
生							
날생	生生生生生						
一							
한 일	一						
氣							
기운 기	氣氣氣氣气氣气氣氣氣						

骨 肉 雖 分 本 生 一 氣

☆ 적당한 칸에 별표나 하트, 동그라미로 마음을 표현해 주세요!

☆☆ 천재는 원래 악필ㅋㅋ	☆☆☆ 언젠간 잘쓰게 될 거예요!	☆☆☆☆ 어디서 좀 배우셨나 봐요?	☆☆☆☆☆ 당신이 바로 한석봉!!

111

54일차 년   월   일

形體雖異 素受一血
형상형　몸체　비록수　다를이　　본래소　받을수　한일　피혈

모습은 서로 다르나 본래 한 핏줄이다.

形								
형상 형	形形形形形形形							
體								
몸 체	體體體體體體體體體體體體體體體體體體							
雖								
비록 수	雖雖雖雖雖雖雖雖雖雖雖雖雖雖							
異								
다를 이	異異異異異異異異異異異							

素							
본래 소	素 素 素 素 素 素 素 素 素 素						
受							
받을 수	受 受 受 受 受 受 受 受						
一							
한 일	一						
血							
피 혈	血 血 血 血 血 血						

形	體	雖	異	素	受	一	血

☆ 적당한 칸에 별표나 하트, 동그라미로 마음을 표현해 주세요!

☆☆ 천재는 원래 악필ㅋㅋ	☆☆☆ 언젠간 잘쓰게 될 거예요!	☆☆☆☆ 어디서 좀 배우셨나 봐요?	☆☆☆☆☆ 당신이 바로 한석봉!!

55일차 년 월 일

比之於木 同根異枝
비유할 비 그것 지 어조사 어 나무 목 같을 동 뿌리 근 다를 이 가지 지

이것을 나무에 비유하면 뿌리는 같고 가지는 다른 것이다.

比							
비유할 비	比 比 比 比						
之							
그것 지	之 之 之 之						
於							
어조사 어	於 於 於 於 於 於 於 於						
木							
나무 목	木 木 木 木						

同									
갈을 동	同同同同同同								
根									
뿌리 근	根根根根根根根根根根								
異									
다를 이	異異異異異異異異異異異								
枝									
가지 지	一 十 才 木 木 朾 枋 枝								

比	之	於	木		同	根	異	枝	

☆ 적당한 칸에 별표나 하트, 동그라미로 다음을 표현해 주세요!

☆☆ 천재는 원래 악필ㅋㅋ	☆☆☆ 언젠간 잘쓰게 될 거예요!	☆☆☆☆ 어디서 좀 배우셨나 봐요?	☆☆☆☆☆ 당신이 바로 한석봉!!

115

56일차 년 월 일

比 之 於 水 同 源 異 流
비유할 비 그것 지 어조사 어 물 수 같을 동 근원 원 다를 이 흐를 류

물에 비유하면 근원은 같고 흐름은 다른 것이다.

比							
비유할 비	比 比 比 比						
之							
그것 지	之 之 之 之						
於							
어조사 어	於 於 於 於 於 於 於 於						
水							
물 수	水 水 水 水						

同						
갈을 동	同同同同同同					
源						
근원 원	源源源源源源源源源源源源					
異						
다를 이	異異異異異異異異異異異					
流						
흐를 류	流流流流流流流流流流					

比之於水 同源異流

☆ 적당한 칸에 별표나 하트, 동그라미로 마음을 표현해 주세요!

☆☆ 천재는 원래 악필ㅋㅋ	☆☆☆ 언젠간 잘 쓰게 될 거예요!	☆☆☆☆ 어디서 좀 배우셨나 봐요?	☆☆☆☆☆ 당신이 바로 한석봉!!

117

57일차   년   월   일

兄弟有善 必譽于外
맏 형 아우 제 있을 유 착할 선   반드시 필 칭찬할 예 어조사 우 바깥 외

형제간에 잘한 일이 있으면 반드시 드러내어 칭찬하라.

兄								
맏 형	兄 兄 兄 兄 兄							
弟								
아우 제	弟 弟 弟 弟 弟 弟 弟							
有								
있을 유	有 有 有 有 有 有							
善								
착할 선	善 善 善 善 善 善 善 善 善 善 善							

必							
반드시 필	必必必必必						
譽							
칭찬할 예	譽譽譽譽譽譽譽譽譽譽譽譽譽譽譽譽譽譽						
于							
어조사 우	于于于						
外							
바깥 외	外外外外外						

兄弟有善 必譽于外

☆ 적당한 칸에 별표나 하트, 동그라미로 마음을 표현해 주세요!

☆☆ 천재는 원래 악필ㅋㅋ	☆☆☆ 언젠간 잘쓰게 될 거예요!	☆☆☆☆ 어디서 좀 배우셨나 봐요?	☆☆☆☆☆ 당신이 바로 한석봉!!

58일차   년   월   일

兄 弟 有 失   隱 而 勿 揚
맏형 아우제 있을유 잘못실   숨길은 말이을이 말물 드러낼양

형제간에 잘못이 있으면 숨겨 주고 드러내지 마라.

兄								
맏 형	兄兄兄兄兄							
弟								
아우 제	弟弟弟弟弟弟弟							
有								
있을 유	有有有有有有							
失								
잘못 실	失失失失失							

隱											
숨길 은	隱	隱	隱	隱	隱	隱	隱	隱	隱	隱	隱
而											
말 이을 이	而	而	而	而	而						
勿											
말 물	勿	勿	勿	勿							
揚											
드러낼 양	揚	揚	揚	揚	揚	揚	揚	揚	揚	揚	揚

兄 弟 有 失 隱 而 勿 揚

☆ 적당한 칸에 별표나 하트, 동그라미로 마음을 표현해 주세요!

☆☆	☆☆☆	☆☆☆☆	☆☆☆☆☆
천재는 원래 악필ㅋㅋ	언젠간 잘 쓰게 될 거예요!	어디서 좀 배우셨나 봐요?	당신이 바로 한석봉!!

12

59일차   년   월   일

我有歡樂 兄弟亦樂
나아 있을유 기쁠환 즐거울락 맏형 아우제 또역 즐거울락

나에게 기쁨과 즐거움이 있으면 형제 또한 즐거워한다.

我								
나 아	我 我 我 我 我 我 我							
有								
있을 유	有 有 有 有 有 有							
歡								
기쁠 환	歡 歡 歡 歡 歡 歡 歡 歡 歡 歡 歡 歡 歡 歡 歡 歡							
樂								
즐거울 락	樂 樂 樂 樂 樂 樂 樂 樂 樂 樂 樂 樂 樂 樂							

兄							
맏 형	兄兄兄兄兄						
弟							
아우 제	弟弟弟弟弟弟弟						
亦							
또 역	亦亦亦亦亦亦						
樂							
즐거울 락	樂樂樂樂樂樂樂樂樂樂樂樂樂樂						

我 有 歡 樂 兄 弟 亦 樂

☆ 적당한 칸에 별표나 하트, 동그라미로 마음을 표현해 주세요!

☆☆ 천재는 원래 악필ㅋㅋ	☆☆☆ 언젠간 잘쓰게 될 거예요!	☆☆☆☆ 어디서 좀 배우셨나 봐요?	☆☆☆☆☆ 당신이 바로 한석봉!!

60일차　　년　　월　　일

我有憂患　兄弟亦憂

나아　있을유　근심우　걱정환　　맏형　아우제　또역　근심우

나에게 근심과 걱정이 있으면 형제 또한 근심한다.

我							
나 아	我我我我我我						
有							
있을 유	有有有有有有						
憂							
근심 우	憂憂憂憂憂憂憂憂憂憂憂憂憂憂						
患							
걱정 환	患患患患患患患患患患						

兄								
맏 형	兄兄兄兄兄							
弟								
아우 제	弟弟弟弟弟弟弟							
亦								
또 역	亦亦亦亦亦亦							
憂								
근심 우	憂憂憂憂憂憂憂憂憂憂憂憂憂憂							

我	有	憂	患	兄	弟	亦	憂

☆ 적당한 칸에 별표나 하트, 동그라미로 마음을 표현해 주세요!

☆☆	☆☆☆	☆☆☆☆	☆☆☆☆☆
천재는 원래 악필ㅋㅋ	언젠간 잘쓰게 될 거예요!	어디서 좀 배우셨나 봐요?	당신이 바로 한석봉!!

61일차   년   월   일

兄弟有難 悶而思救
맏 형 아우 제 있을 유 어려울 난 근심할 민 말 이을 이 생각 사 도울 구

형제간에 어려운 일이 있으면, 근심하고 도와줄 것을 생각하라.

兄									
맏 형	兄兄兄兄兄								
弟									
아우 제	弟弟弟弟弟弟弟								
有									
있을 유	有有有有有有								
難									
어려울 난	難難難難難難難難難難難難難難難								

悶								
근심할 민	悶悶悶悶悶悶悶悶悶悶							
而								
말 이을 이	而而而而而							
思								
생각 사	思思思思思思思思							
救								
도울 구	救救救救救救救救救救							

兄弟有難 悶而思救

☆ 적당한 칸에 별표나 하트, 동그라미로 마음을 표현해 주세요!

☆☆ 천재는 원래 악필ㅋㅋ	☆☆☆ 언젠간 잘 쓰게 될 거예요!	☆☆☆☆ 어디서 좀 배우셨나 봐요?	☆☆☆☆☆ 당신이 바로 한석봉!!

62일차　년　월　일

兄能如如此 弟亦效之
맏형　능할능　같을여　이차　아우제　또역　본받을효　그것지

형이 이처럼 잘하면 아우 또한 본받는다.

兄								
맏 형	兄兄兄兄兄							
能								
능할 능	能能能能能能能能能							
如								
같을 여	如如如如如如							
此								
이 차	此此此此此此							

弟						
아우 제	弟弟弟弟弟弟弟					

亦						
또 역	亦亦亦亦亦亦					

效						
본받을 효	效效效效效效效效效效					

之						
그것 지	之之之之					

兄 能 如 此 弟 亦 效 之

☆ 적당한 칸에 별표나 하트, 동그라미로 마음을 표현해 주세요!

☆☆ 천재는 원래 악필ㅋㅋ	☆☆☆ 언젠간 잘쓰게 될 거예요!	☆☆☆☆ 어디서 좀 배우셨나 봐요?	☆☆☆☆☆ 당신이 바로 한석봉!!

63일차　　　년　　월　　일

兄弟怡怡　行則雁行
맏 형　　아우 제　　기쁠 이　　기쁠 이　　　다닐 행　　곧 즉　　기러기 안　　항렬 항

형제간에는 화목하게 지내야 하니
다닐 때는 기러기가 나는 것처럼 줄지어 가라.

兄								
맏 형	兄兄兄兄兄							
弟								
아우 제	弟弟弟弟弟弟弟							
怡								
기쁠 이	怡怡怡怡怡怡怡怡							
怡								
기쁠 이	怡怡怡怡怡怡怡怡							

行						
다닐 행	行行行行行行					
則						
곧 즉	則則則則則則則則則					
雁						
기러기 안	雁雁雁雁雁雁雁雁雁雁雁					
行						
항렬 항	行行行行行行					

兄	弟	怡	怡	行	則	雁	行

☆ 적당한 칸에 별표나 하트, 동그라미로 마음을 표현해 주세요!

☆☆ 천재는 원래 악필ㅋㅋ	☆☆☆ 언젠간 잘쓰게 될거예요!	☆☆☆☆ 어디서 좀 배우셨나 봐요?	☆☆☆☆☆ 당신이 바로 한석봉!!

64일차   년   월   일

寢則連衾 食則同牀

잘침 곤즉 연할연 이불금   먹을식 곤즉 같을동 상상

잘 때는 이불을 나란히 하고 먹을 때는 밥상을 함께하라.

寢								
잘 침	寢 寢 寢 寢 寢 寢 寢 寢 寢 寢 寢 寢 寢							
則								
곤 즉	則 則 則 則 則 則 則 則 則							
連								
연할 연	連 連 連 連 連 連 連 連 連 連							
衾								
이불 금	衾 衾 衾 衾 衾 衾 衾 衾 衾 衾							

食					
먹을 식	食食食食食食食食食				
則					
곧 즉	則則則則則則則則則				
同					
같을 동	同同同同同同				
牀					
상 상	牀牀牀牀牀牀牀牀				

寢	則	連	衾	食	則	同	牀

☆ 적당한 칸에 별표나 하트, 동그라미로 마음을 표현해 주세요!

☆☆ 천재는 원래 악필ㅋㅋ	☆☆☆ 언젠간 잘쓰게 될 거예요!	☆☆☆☆ 어디서 좀 배우셨나 봐요?	☆☆☆☆☆ 당신이 바로 한석봉!!

65일차   년   월   일

兄雖責我 莫敢抗怒
맏형 비록수 꾸짖을책 나아   말막 감히감 겨룰항 성낼노

형이 비록 나를 꾸짖더라도 대들거나 화내지 마라.

兄														
맏형	兄兄兄兄兄													
雖														
비록수	雖雖雖雖雖雖雖雖雖雖雖雖雖雖雖													
責														
꾸짖을책	責責責責責責責責責責													
我														
나아	我我我我我我我													

莫							
말 막	莫莫莫莫莫莫莫莫莫莫莫						
敢							
감히 감	敢敢敢敢敢敢敢敢敢敢敢						
抗							
겨룰 항	抗抗抗抗抗抗抗						
怒							
성낼 노	怒怒怒怒怒怒怒怒怒						

兄雖責我 莫敢抗怒

☆ 적당한 칸에 별표나 하트, 동그라미로 마음을 표현해 주세요!

☆☆ 천재는 원래 악필ㅋㅋ	☆☆☆ 언젠가 잘쓰게 될 거예요!	☆☆☆☆ 어디서 좀 배우셨나 봐요?	☆☆☆☆☆ 당신이 바로 한석봉!!

66일차   년   월   일

弟 雖 有 過   須 勿 聲 責
아우 제   비록 수   있을 유   허물 과   모름지기 수   말 물   소리 성   꾸짖을 책

아우가 비록 잘못이 있더라도 큰소리로 꾸짖지 마라.

弟									
아우 제	弟弟弟弟弟弟弟								
雖									
비록 수	雖雖雖雖雖雖雖雖雖雖雖雖雖雖雖								
有									
있을 유	有有有有有有								
過									
허물 과	過過過過過過過過過過								

須								
모름지기 수	須須須須須須須須須須							
勿								
말 물	勿勿勿勿							
聲								
소리 성	聲聲聲聲聲聲聲聲聲聲聲聲聲聲聲聲							
責								
꾸짖을 책	責責責責責責責責責責							

弟	雖	有	過	須	勿	聲	責

☆ 적당한 칸에 별표나 하트, 동그라미로 마음을 표현해 주세요!

☆☆	☆☆☆	☆☆☆☆	☆☆☆☆☆
천재는 원래 악필ㅋㅋ	언젠간 잘쓰게 될 거예요!	어디서 좀 배우셨나 봐요?	당신이 바로 한석봉!!

67일차 년 월 일

兄無衣服 弟必獻之
맏형 없을무 옷의 옷복 아우제 반드시필 드릴헌 그것지

형이 입을 것이 없거든 아우가 반드시 드려라.

兄								
맏 형	兄兄兄兄兄							
無								
없을 무	無無無無無無無無無無無							
衣								
옷 의	衣衣衣衣衣衣							
服								
옷 복	服服服服服服服服							

弟							
아우 제	弟弟弟弟弟弟弟						
必							
반드시 필	必必必必必						
獻							
드릴 헌	獻獻獻獻獻獻獻獻獻獻獻獻獻獻獻獻						
之							
그것 지	之之之之						

兄	無	衣	服	弟	必	獻	之

☆ 적당한 칸에 별표나 하트, 동그라미로 마음을 표현해 주세요!

☆☆ 천자는 원래 악필ㅋㅋ	☆☆☆ 언젠간 잘쓰게 될 거예요!	☆☆☆☆ 어디서 좀 배우셨나 봐요?	☆☆☆☆☆ 당신이 바로 한석봉!!

68일차 　　년　　월　　일

弟無飮食 兄必與之
아우 제　없을 무　마실 음　먹을 식　　맏 형　반드시 필　줄 여　그것 지

아우가 먹을 것이 없거든 형이 반드시 주어라.

弟									
아우 제	弟弟弟弟弟弟弟								
無									
없을 무	無無無無無無無無無無無								
飮									
마실 음	飮飮飮飮飮飮飮飮飮飮飮飮								
食									
먹을 식	食食食食食食食食食								

兄								
맏 형	兄兄兄兄兄							
必								
반드시 필	必必必必必							
與								
줄 여	與與與與與與與與與與與與與							
之								
그것 지	之之之之							

弟	無	飮	食	兄	必	與	之

☆ 적당한 칸에 별표나 하트, 동그라미로 마음을 표현해 주세요!

☆☆ 천재는 원래 악필ㅋㅋ	☆☆☆ 언젠간 잘쓰게 될 거예요!	☆☆☆☆ 어디서 좀 배우셨나 봐요?	☆☆☆☆☆ 당신이 바로 한석봉!!

69일차   년   월   일

一 杯 之 水　必 分 而 飮
한 일　잔 배　어조사 지　물 수　　반드시 필　나눌 분　말 이을 이　마실 음

한 잔의 물이라도 반드시 나누어 마셔라.

一	
한 일	一
杯	
잔 배	杯杯杯杯杯杯杯杯
之	
어조사 지	之之之之
水	
물 수	水水水水

必						
반드시 필	必必必必					
分						
나눌 분	分分分分					
而						
말 이을 이	而而而而而而					
飮						
마실 음	飮飮飮飮飮飮飮飮飮飮飮飮飮					

一	杯	之	水	必	分	而	飮

☆ 적당한 칸에 별표나 하트, 동그라미로 마음을 표현해 주세요!

☆☆ 천재는 원래 악필ㅋㅋ	☆☆☆ 언젠간 잘쓰게 될 거예요!	☆☆☆☆ 어디서 좀 배우셨나 봐요?	☆☆☆☆☆ 당신이 바로 한석봉!!

70일차　년　월　일

一 粒 之 食　必 分 而 食
한 일　낟알 립　어조사 지　밥 식　반드시 필　나눌 분　말 이을 이　먹을 식

한 알의 곡식이라도 반드시 나누어 먹어라.

一							
한 일	一						
粒							
낟알 립	粒粒粒粒粒粒粒粒粒粒						
之							
어조사 지	之之之之						
食							
밥 식	食食食食食食食食						

必							
반드시 필	必必必必必						
分							
나눌 분	分分分分						
而							
말 이을 이	而而而而而而						
食							
먹을 식	食食食食食食食食食						

一粒之食 必分而食

☆ 적당한 칸에 별표나 하트, 동그라미로 마음을 표현해 주세요!

☆☆	☆☆☆	☆☆☆☆	☆☆☆☆☆
천재는 원래 악필ㅋㅋ	언젠간 잘 쓰게 될 거예요!	어디서 좀 배우셨나 봐요?	당신이 바로 한석봉!!

71일차 년 월 일

分 毋 求 多　有 無 相 通
나눌 분　말 무　구할 구　많을 다　　있을 유　없을 무　서로 상　통할 통

나눌 때는 많이 가지려 하지 말며, 있을 때나 없을 때나 서로 나누어라.

分							
나눌 분	分分分分						
毋							
말 무	毋毋毋毋						
求							
구할 구	求求求求求求求						
多							
많을 다	多多多多多多						

有						
있을 유	有有有有有有					
無						
없을 무	無無無無無無無無無無無					
相						
서로 상	相相相相相相相相相					
通						
통할 통	通通通通通通通通通通					

分毋求多有無相通

☆ 적당한 칸에 별표나 하트, 동그라미로 마음을 표현해 주세요!

☆☆ 천재는 원래 악필ㅋㅋ	☆☆☆ 언젠간 잘쓰게 될 거예요!	☆☆☆☆ 어디서 좀 배우셨나 봐요?	☆☆☆☆☆ 당신이 바로 한석봉!!

72일차　　　년　　월　　일

私其衣食　夷狄之徒

사사로이할사　그 기　옷 의　밥 식　오랑캐 이　오랑캐 적　어조사 지　무리 도

입을 것과 먹을 것을 혼자 가지면 오랑캐의 무리이다.

私								
사사로이할사	私私私私私私私							
其								
그 기	其其其其其其其其							
衣								
옷 의	衣衣衣衣衣衣							
食								
밥 식	食食食食食食食食							

夷								
오랑캐 이	夷夷夷夷夷夷							
狄								
오랑캐 적	狄狄狄狄狄狄狄							
之								
어조사 지	之之之之							
徒								
무리 도	徒徒徒徒徒徒徒徒徒徒							

私	其	衣	食	夷	狄	之	徒

☆ 적당한 칸에 별표나 하트, 동그라미로 마음을 표현해 주세요!

☆☆ 천재는 원래 악필ㅋㅋ	☆☆☆ 언젠간 잘쓰게 될 거예요!	☆☆☆☆ 어디서 좀 배우셨나 봐요?	☆☆☆☆☆ 당신이 바로 한석봉!!

73일차 년 월 일

雖有他親 豈若兄弟
비록 수   있을 유   다를 타   친척 친   어찌 기   같을 약   맏 형   아우 제

비록 다른 친척이 있더라도 어찌 형제만 하겠는가.

雖														
비록 수	雖	雖	雖	雖	雖	雖	雖	雖	雖	雖	雖	雖	雖	雖
有														
있을 유	有	有	有	有	有	有								
他														
다를 타	他	他	他	他	他									
親														
친척 친	親	親	親	親	親	親	親	親	親	親	親	親	親	親

豈							
어찌 기	豈豈豈豈豈豈豈豈豈						
若							
같을 약	若若若若若若若若若						
兄							
맏 형	兄兄兄兄兄						
弟							
아우 제	弟弟弟弟弟弟弟						

雖 有 他 親 豈 若 兄 弟

☆ 적당한 칸에 별표나 하트, 동그라미로 마음을 표현해 주세요!

☆☆ 천재는 원래 악필ㅋㅋ	☆☆☆ 언젠간 잘쓰게 될 거예요!	☆☆☆☆ 어디서 좀 배우셨나 봐요.	☆☆☆☆☆ 당신이 바로 한석봉!!

74일차   년 월 일

兄弟和睦 父母喜之
맏 형　아우 제　화목할 화　화목할 목　아버지 부　어머니 모　기쁠 희　어조사 지

형제가 화목하면 부모님이 기뻐하신다.

兄								
맏 형	兄兄兄兄兄							
弟								
아우 제	弟弟弟弟弟弟弟							
和								
화목할 화	和和和和和和和							
睦								
화목할 목	睦睦睦睦睦睦睦睦睦睦睦							

父							
아버지 부	父父父父						
母							
어머니 모	母母母母母						
喜							
기쁠 희	喜喜喜喜喜喜喜喜喜喜喜喜						
之							
어조사 지	之之之之						

兄弟和睦 父母喜之

☆ 적당한 칸에 별표나 하트, 동그라미로 마음을 표현해 주세요!

☆☆	☆☆☆	☆☆☆☆	☆☆☆☆☆
천재는 원래 악필ㅋㅋ	언젠간 잘 쓰게 될 거예요!	어디서 좀 배우셨나 봐요?	당신이 바로 한석봉!!

75일차

夫婦之倫 二姓之合

남편 부 부인 부 어조사 지 인륜 륜   두 이 성 성 어조사 지 합할 합

부부는 두 성이 합해진 것이다.

夫								
남편 부	夫 夫 夫 夫							
婦								
부인 부	婦 婦 婦 婦 婦 婦 婦 婦 婦 婦 婦							
之								
어조사 지	之 之 之 之							
倫								
인륜 륜	倫 倫 倫 倫 倫 倫 倫 倫 倫 倫							

二						
두 이	二 二					
姓						
성 성	姓 姓 姓 姓 姓 姓 姓					
之						
어조사 지	之 之 之 之					
合						
합할 합	合 合 合 合 合 合					

夫婦之倫　二姓之合

☆ 적당한 칸에 별표나 하트, 동그라미로 마음을 표현해 주세요!

☆☆	☆☆☆	☆☆☆☆	☆☆☆☆☆
천재는 원래 악필ㅋㅋ	언젠간 잘쓰게 될 거예요!	어디서 좀 배우셨나 봐요?	당신이 바로 한석봉!!

76일차 년   월   일

內外有別 相敬如賓
안내 바깥외 있을유 나눌별   서로상 공경경 같을여 손님빈

남편과 아내는 구별이 있으니 서로 공경하기를 손님 대하듯 하라.

內						
안내	內 內 內 內					
外						
바깥 외	外 外 外 外 外					
有						
있을 유	有 有 有 有 有 有					
別						
나눌 별	別 別 別 別 別 別 別					

相							
서로 상	相相相相相相相相相						
敬							
공경 경	敬敬敬敬敬敬敬敬敬敬敬敬						
如							
같을 여	如如如如如如						
賓							
손님 빈	賓賓賓賓賓賓賓賓賓賓賓賓賓賓						

內	外	有	別	相	敬	如	賓

☆ 적당한 칸에 별표나 하트, 동그라미로 마음을 표현해 주세요!

☆☆ 천재는 원래 악필ㅋㅋ	☆☆☆ 언젠간 잘쓰게 될 거예요!	☆☆☆☆ 어디서 좀 배우셨나 봐요?	☆☆☆☆☆ 당신이 바로 한석봉!!

157

77일차　년　월　일

夫道和義　婦德柔順

남편부　도리도　화할화　의로울의　부인부　덕덕　부드러울유　순할순

남편의 도리는 의로움에 맞게 하는 것이고
부인의 덕은 이치를 따르는 것이다.

夫						
남편 부	夫夫夫夫					
道						
도리 도	道道道道道道道道道道					
和						
화할 화	和和和和和和和					
義						
의로울 의	義義義義義義義義義義義義					

婦								
부인 부	婦婦婦婦婦婦婦婦婦婦							
德								
덕 덕	德德德德德德德德德德德							
柔								
부드러울 유	柔柔柔柔柔柔柔柔柔							
順								
순할 순	順順順順順順順順順順順							

夫道和義 婦德柔順

☆ 적당한 칸에 별표나 하트, 동그라미로 마음을 표현해 주세요!

☆☆ 천자는 원래 악필ㅋㅋ	☆☆☆ 언젠간 잘 쓰게 될 거예요!	☆☆☆☆ 어디서 좀 배우셨나 봐요?	☆☆☆☆☆ 당신이 바로 한석봉!!

78일차 년 월 일

夫唱婦隨 家道成矣
남편 부 먼저부를창 부인 부 따를 수   집 가   도리 도 이룰 성 어조사 의

남편이 앞에서 부르고 부인이 따르면 집안의 도가 이루어진다.

夫								
남편 부	夫 夫 夫 夫							
唱								
먼저 부를 창	唱 唱 唱 唱 唱 唱 唱 唱 唱 唱							
婦								
부인 부	婦 婦 婦 婦 婦 婦 婦 婦 婦 婦							
隨								
따를 수	隨 隨 隨 隨 隨 隨 隨 隨 隨 隨 隨 隨 隨							

家									
집 가	家家家家家家家家家家								
道									
도리 도	道道道道道道道道道道								
成									
이룰 성	成成成成成成								
矣									
어조사 의	矣矣矣矣矣矣矣								

夫 唱 婦 隨 家 道 成 矣

☆ 적당한 칸에 별표나 하트, 동그라미로 가음을 표현해 주세요!

☆☆ 천재는 원래 악필ㅋㅋ	☆☆☆ 언젠간 잘 쓰게 될 거예요!	☆☆☆☆ 어디서 좀 배우셨나 봐요?	☆☆☆☆☆ 당신이 바로 한석봉!!

79일차 년 월 일

人之在世 不可無友
사람 인 어조사 지 있을 재 세상 세 아니 불 옳을 가 없을 무 벗 우

사람이 세상을 살면서 친구가 없을 수 없다.

人						
사람 인	人 人					
之						
어조사 지	之 之 之 之					
在						
있을 재	在 在 在 在 在					
世						
세상 세	世 世 世 世 世					

不							
아니 불	不不不不						
可							
옳을 가	可可可可可						
無							
없을 무	無無無無無無無無無無無						
友							
벗 우	友友友友						

人之在世 不可無友

☆ 적당한 칸에 별표나 하트, 동그라미로 마음을 표현해 주세요!

☆☆	☆☆☆	☆☆☆☆	☆☆☆☆☆
천재는 원래 악필ㅋㅋ	언젠간 잘쓰게 될 거예요!	어디서 좀 배우셨나 봐요?	당신이 바로 한석봉!!

80일차   년   월   일

以文會友 以友輔仁
써이 학문문 모을회 벗우   써이 벗우 도울보 어질인

배움으로써 벗을 만나고 벗으로써 나의 어짊을 키운다.

以									
써이	以 以 以 以 以								
文									
학문문	文 文 文 文								
會									
모을회	會 會 會 會 會 會 會 會 會 會 會								
友									
벗우	友 友 友 友								

以							
써 이	以 以 以 以 以						
友							
벗 우	友 友 友 友						
輔							
도울 보	輔 輔 輔 車 車 車 車 車 車 輔 輔 輔						
仁							
어질 인	仁 仁 仁 仁						

以	文	會	友	以	友	輔	仁

☆ 적당한 칸에 별표나 하트, 동그라미로 마음을 표현해 주세요!

☆☆ 천재는 원래 악필ㅋㅋ	☆☆☆ 언젠간 잘 쓰게 될 거예요!	☆☆☆☆ 어디서 좀 배우셨나 봐요?	☆☆☆☆☆ 당신이 바로 한석봉!!

81일차   년 월 일

友其正人 我亦自正
벗할 우 그 기 바를 정 사람 인   나 아 또 역 스스로 자 바를 정

바른 사람과 친구가 되면 나 또한 저절로 바르게 된다.

友							
벗할 우	友友友友						
其							
그 기	其其其其其其其其						
正							
바를 정	正正正正正						
人							
사람 인	人人						

我							
나 아	我我我我我我我						
亦							
또 역	亦亦亦亦亦亦						
自							
스스로 자	自自自自自自						
正							
바를 정	正正正正正						

友	其	正	人	我	亦	自	正

☆ 적당한 칸에 별표나 하트, 동그라미로 마음을 표현해 주세요!

☆☆ 천재는 원래 악필ㅋㅋ	☆☆☆ 언젠간 잘쓰게 될 거예요!	☆☆☆☆ 더디서 좀 배드셨나 픠요?	☆☆☆☆☆ 당신이 바로 한석봉!!

82일차   년   월   일

從遊邪人 我亦自邪

좇을 종　놀 유　바르지못할 사　사람 인　　나 아　또 역　스스로 자　바르지못할 사

바르지 못한 사람을 따라 놀면 나 또한 저절로 바르지 않게 된다.

從								
좇을 종	從從從從從從從從從							
遊								
놀 유	遊遊遊遊遊遊遊遊遊遊							
邪								
바르지못할 사	邪邪邪邪邪邪邪							
人								
사람 인	人人							

我							
나 아	我我我我我我我						
亦							
또 역	亦亦亦亦亦亦						
自							
스스로 자	自自自自自自						
邪							
바르지못할사	邪邪邪邪邪邪邪						

從	遊	邪	人	我	亦	自	邪

☆ 적당한 칸에 별표나 하트, 동그라미로 마음을 표현해 주세요!

☆☆ 천재는 원래 악필ㅋㅋ	☆☆☆ 언젠간 잘쓰게 될 거예요!	☆☆☆☆ 어디서 좀 배우셨나 봐요?	☆☆☆☆☆ 당신이 바로 한석봉!!

83일차 년 월 일

蓬生麻中 不扶自直
쑥 봉 날 생 삼 마 가운데 중 아니 불 붙들 부 스스로 자 곧을 직

쑥이 삼 가운데 자라면 붙들어 주지 않아도 저절로 곧아진다.

蓬												
쑥 봉	蓬 蓬 蓬 蓬 蓬 蓬 蓬 蓬 蓬 蓬 蓬 蓬 蓬											
生												
날 생	生 生 生 生 生											
麻												
삼 마	麻 麻 麻 麻 麻 麻 麻 麻 麻 麻 麻											
中												
가운데 중	中 中 中 中											

不 아니 불	不不不不						
扶 붙들 부	扶扶扶扶扶扶扶						
自 스스로 자	自自自自自自						
直 곧을 직	直直直直直直直直						

蓬	生	麻	中	不	扶	自	直

☆ 적당한 칸에 별표나 하트, 동그라미로 마음을 표현해 주세요!

☆☆ 천재는 원래 악필ㅋㅋ	☆☆☆ 언젠간 잘쓰게 될 거예요!	☆☆☆☆ 어디서 좀 배우셨나 봐요?	☆☆☆☆☆ 당신이 바로 한석봉!!

84일차   년   월   일

白沙在泥 不染自污
흰 백　　모래 사　　있을 재　　진흙 니　　아니 불　　물들일 염　　스스로 자　　더러울 오

흰 모래가 진흙에 있으면 물들이지 않아도 저절로 더러워진다.

白								
흰 백	白白白白白							
沙								
모래 사	沙沙沙沙沙沙沙							
在								
있을 재	在在在在在在							
泥								
진흙 니	泥泥泥泥泥泥泥泥							

不							
아니 불	不不不不						
染							
물들일 염	染染染染染染染染						
自							
스스로 자	自自自自自自						
汚							
더러울 오	汚汚汚汚汚汚						

白	沙	在	泥	不	染	自	汚

☆ 적당한 칸에 별표나 하트, 동그라미로 마음을 표현해 주세요!

☆☆ 천재는 원래 악필ㅋㅋ	☆☆☆ 언젠간 잘쓰게 될 거예요!	☆☆☆☆ 어디서 좀 배우셨나 봐요?	☆☆☆☆☆ 당신이 바로 한석봉!!

85일차   년 월 일

近墨者黑 近朱者赤
가까울 근 먹 묵 사람 자 검을 흑 가까울 근 붉을 주 사람 자 붉을 적

먹을 가까이하는 자는 검어지고,
붉은 물감을 가까이하는 자는 붉어진다.

近						
가까울 근	近近近近近近近					
墨						
먹 묵	墨墨墨墨墨墨墨墨墨墨墨墨墨墨					
者						
사람 자	者者者者者者者者					
黑						
검을 흑	黑黑黑黑黑黑黑黑黑黑黑					

近					
가까울 근	近 近 斤 斤 近 近 近				
朱					
붉을 주	朱 朱 午 牛 朱 朱				
者					
사람 자	者 者 者 者 者 者 者				
赤					
붉을 적	赤 赤 赤 赤 亦 赤 赤				

近墨者黑 近朱者赤

☆ 적당한 칸에 별표나 하트, 동그라미로 마음을 표현해 주세요!

☆☆ 천재는 원래 악필ㅋㅋ	☆☆☆ 언젠간 잘쓰게 될 거예요!	☆☆☆☆ 어디서 좀 배우셨나 봐요?	☆☆☆☆☆ 당신이 바로 한석봉!!

86일차 년 월 일

居必擇隣 就必有德
살 거　반드시 필　가릴 택　이웃 린　　나아갈 취　반드시 필　있을 유　덕 덕

살 곳을 정할 때는 반드시 이웃을 가리고
배움을 청할 때는 반드시 덕이 있는 사람을 찾아간다.

居								
살 거	居居居居居居居居							
必								
반드시 필	必必必必必							
擇								
가릴 택	擇擇擇擇擇擇擇擇擇擇擇擇擇擇							
隣								
이웃 린	隣隣隣隣隣隣隣隣隣隣隣隣							

就
나아갈 취　就就就就就就就就就就就

必
반드시 필　必必必必必

有
있을 유　有有有有有有

德
덕 덕　德德德德德德德德德德德

居必擇隣 就必有德

☆ 적당한 칸에 별표나 하트, 동그라미로 마음을 표현해 주세요!

☆☆ 천재는 원래 악필ㅋㅋ	☆☆☆ 언젠간 잘 쓰게 될 거예요!	☆☆☆☆ 어디서 좀 배우셨나 봐요?	☆☆☆☆☆ 당신이 바로 한석봉!!

87일차 년 월 일

擇而交之 有所補益
가릴 택　말 이을 이　사귈 교　그것 지　　있을 유　바 소　도울 보　유익할 익

친구를 가려서 사귀면 도움과 유익함이 있다.

擇												
가릴 택	擇	擇	擇	擇	擇	擇	擇	擇	擇	擇	擇	擇
而												
말 이을 이	而	而	而	而	而	而						
交												
사귈 교	交	交	交	交	交	交						
之												
그것 지	之	之	之	之								

有						
있을 유	有有有有有有					
所						
바 소	所所所所所所所所					
補						
도울 보	補補補補補補補補補補					
益						
유익할 익	益益益益益益益益益					

擇而交之 有所補益

☆ 적당한 칸에 별표나 하트, 동그라미로 마음을 표현해 주세요!

☆☆ 천재는 원래 악필ㅋㅋ	☆☆☆ 언젠간 잘쓰게 될 거예요!	☆☆☆☆ 어디서 좀 배우셨나 봐요?	☆☆☆☆☆ 당신이 바로 한석봉!!

88일차 년   월   일

不擇而交 反有害矣

아니 불 가릴 택 말 이을 이 사귈 교   도리어 반 있을 유 해로울 해 어조사 의

가리지 않고 사귀면 도리어 해가 된다.

不											
아니 불	不 不 不 不										
擇											
가릴 택	擇 擇 擇 擇 擇 擇 擇 擇 擇 擇 擇 擇										
而											
말 이을 이	而 而 而 而 而 而										
交											
사귈 교	交 交 交 交 交 交										

反
도리어 반 反反反反

有
있을 유 有有有有有有

害
해로울 해 害害害害害害害害害害

矣
어조사 의 矣矣矣矣矣矣矣

不擇而交 反有害矣

☆ 적당한 칸에 별표나 하트, 동그라미로 마음을 표현해 주세요!

☆☆ 천재는 원래 악필ㅋㅋ	☆☆☆ 언젠간 잘 쓰게 될 거예요!	☆☆☆☆ 어디서 좀 배우셨나 봐요?	☆☆☆☆☆ 당신이 바로 한석봉!!

89일차   년   월   일

朋 友 有 過 忠 告 善 導
벗 붕 　 벗 우 　 있을 유 　 허물 과 　　 충성 충 　 말할 고 　 잘할 선 　 인도할 도

친구가 잘못이 있거든 충고하여 잘 이끌라.

朋								
벗 붕	朋朋朋朋朋朋朋朋							
友								
벗 우	友友友友							
有								
있을 유	有有有有有有							
過								
허물 과	過過過過過過過過過							

忠							
충성충	忠忠忠忠忠忠忠						
告							
말할 고	告告告告告告						
善							
잘할 선	善善善善善善善善善善善						
導							
인도할 도	導導導導導導導導導導導導導						

朋	友	有	過	忠	告	善	導

☆ 적당한 칸에 별표나 하트, 동그라미로 마음을 표현해 주세요!

☆☆ 천재는 원래 악필ㅋㅋ	☆☆☆ 언젠간 잘 쓰게 될 거에요!	☆☆☆☆ 어디서 글 배우셨나요?	☆☆☆☆☆ 당신이 바로 한석봉!!

90일차 년 월 일

人 無 責 友 易 陷 不 義
사람 인 없을 무 꾸짖을 책 벗 우 쉬울 이 빠질 함 아니 불 옳을 의

잘못을 알려 주는 친구가 없으면 불의에 빠지기 쉽다.

人										
사람 인	人人									
無										
없을 무	無無無無無無無無無無無									
責										
꾸짖을 책	責責責責責責責責責責									
友										
벗 우	友友友友									

易							
쉬울 이	易 易 易 易 易 易 易 易						
陷							
빠질 함	陷 陷 陷 陷 陷 陷 陷 陷 陷						
不							
아니 불	不 不 不 不						
義							
옳을 의	義 義 義 義 義 義 義 義 義 義 義 義						

人	無	責	友	易	陷	不	義

☆ 적당한 칸에 별표나 하트, 동그라미로 마음을 표현해 주세요!

☆☆ 천재는 원래 악필ㅋㅋ	☆☆☆ 언젠간 잘쓰게 될 거예요!	☆☆☆☆ 어디서 좀 배우셨나 봐요?	☆☆☆☆☆ 당신이 바로 한석봉!!

91일차 년 월 일

面讚我善 諂諛之人

얼굴 면 　 칭찬할 찬 　 나 아 　 잘할 선 　 아첨할 첨 　 아첨할 유 　 어조사 지 　 사람 인

내 앞에서 나의 장점을 칭찬하면 아첨하는 사람이다.

面							
얼굴 면	面面面面面面面面面						
讚							
칭찬할 찬	讚讚讚讚讚讚讚讚讚讚讚讚讚讚讚讚讚讚讚讚讚						
我							
나 아	我我我我我我我						
善							
잘할 선	善善善善善善善善善善善						

諂										
아첨할 첨	諂 諂 諂 諂 諂 諂 諂 諂 諂 諂 諂 諂									
諛										
아첨할 유	諛 諛 諛 諛 諛 諛 諛 諛 諛 諛 諛 諛 諛									
之										
어조사 지	之 之 之 之									
人										
사람 인	人 人									

面	讚	我	善	諂	諛	之	人

☆ 적당한 칸에 별표나 하트, 동그라미로 마음을 표현해 주세요!

☆☆ 천재는 원래 악필ㅋㅋ	☆☆☆ 언젠간 잘 쓰게 될 거예요!	☆☆☆☆ 어디서 좀 배우셨나 봐요?	☆☆☆☆☆ 당신이 바로 한석봉!!

92일차

面 責 我 過 剛 直 之 人
얼굴 면　꾸짖을 책　나 아　잘못 과　　굳셀 강　곧을 직　어조사 지　사람 인

내 앞에서 나의 단점을 지적하면 강직한 사람이다.

面								
얼굴 면	面面面面面面面面面							
責								
꾸짖을 책	責責責責責責責責責責							
我								
나 아	我我我我我我我							
過								
잘못 과	過過過過過過過過過過過							

剛								
굳셀 강	剛 剛 剛 剛 剛 岡 岡 岡 剛 剛							
直								
곧을 직	直 直 直 直 直 直 直 直							
之								
어조사 지	之 之 之 之							
人								
사람 인	人 人							

面	責	我	過	剛	直	之	人	

☆ 적당한 칸에 별표나 하트, 동그라미로 마음을 표현해 주세요!

☆☆ 천재는 원래 악필ㅋㅋ	☆☆☆ 언젠간 잘 쓰게 될 거예요!	☆☆☆☆ 어디서 좀 배우셨나 봐요?	☆☆☆☆☆ 당신이 바로 한석봉!!

93일차 년 월 일

言而不信 非直之友
말씀 언　말이을 이　아니 불　믿을 신　　아닐 비　곧을 직　어조사 지　벗 우

말하는 것이 믿을 수 없으면 정직한 벗이 아니다.

言								
말씀 언	言言言言言言言							
而								
말이을 이	而而而而而而							
不								
아니 불	不不不不							
信								
믿을 신	信信信信信信信信							

非					
아닐 비	ㅣㅓㅕ非非非非非				
直					
곧을 직	直直直直直直直直				
之					
어조사 지	之之之之				
友					
벗 우	友友友友				

言而不信 非直之友

☆ 적당한 칸에 별표나 하트, 동그라미로 마음을 표현해 주세요!

☆☆ 천재는 원래 악필ㅋㅋ	☆☆☆ 언젠간 잘 쓰게 될 거예요!	☆☆☆☆ 어디서 좀 배우셨나 봐요?	☆☆☆☆☆ 당신이 바로 한석봉!!

94일차 년 월 일

悅 人 讚 者 百 事 皆 僞

기쁠 열　사람 인　칭찬할 찬　사람 자　　일백 백　일 사　모두 개　거짓 위

칭찬을 좋아하는 사람은 온갖 일이 다 거짓이다.

悅				
기쁠 열	悅悅悅悅悅悅悅悅悅悅			
人				
사람 인	人人			
讚				
칭찬할 찬	讚讚讚讚讚讚讚讚讚讚讚讚讚讚讚讚讚讚			
者				
사람 자	者者者者者者者者			

百							
일백 백	百百百百百百						
事							
일 사	事事事事事事事事						
皆							
모두 개	皆皆皆皆皆皆皆皆						
僞							
거짓 위	僞僞僞僞僞僞僞僞僞僞僞僞						

悅	人	讚	者	百	事	皆	僞

☆ 적당한 칸에 별표나 하트, 동그라미로 마음을 표현해 주세요!

☆☆ 천재는 원래 악필ㅋㅋ	☆☆☆ 언젠간 잘쓰게 될 거예요!	☆☆☆☆ 어디서 좀 배우셨나 봐요?	☆☆☆☆☆ 당신이 바로 한석봉!!

95일차 년 월 일

見善從之 知過必改
볼 견　잘할 선　따를 종　어조사 지　　알 지　잘못 과　반드시 필　고칠 개

친구의 장점을 보면 따르고 나의 단점을 알면 반드시 고쳐라.

見								
볼 견	見見見見見見見							
善								
잘할 선	善善善善善善善善善善善							
從								
따를 종	從從從從從從從從從從							
之								
어조사 지	之之之之							

知							
알 지	知 知 知 知 知 知 知 知						
過							
잘못 과	過 過 過 過 過 過 過 過 過 過						
必							
반드시 필	必 必 必 必 必						
改							
고칠 개	改 改 改 改 改 改						

見	善	從	之	知	過	必	改

☆ 적당한 칸에 별표나 하트, 동그라미로 마음을 표현해 주세요!

☆☆	☆☆☆	☆☆☆☆	☆☆☆☆☆
천재는 원래 악필ㅋㅋ	언젠간 잘 쓰게 될 거예요!	어디서 좀 배우셨나 봐요?	당신이 바로 한석봉!!

96일차   년 월 일

厭人責者 其行無進
싫을 염　사람 인　꾸짖을 책　사람 자　그 기　행실 행　없을 무　나아갈 진

꾸짖음을 싫어하는 사람은 그 행실이 나아지지 않는다.

厭 싫을 염	厭厭厭厭厭厭厭厭厭厭厭厭
人 사람 인	人人
責 꾸짖을 책	責責責責責責責責責責
者 사람 자	者者者者者者者

其 그 기	其其其其其其其其					
行 행실 행	行行行行行行					
無 없을 무	無無無無無無無無無無無					
進 나아갈 진	進進進進進進進進進進進					

厭	人	責	者	其	行	無	進

☆ 적당한 칸에 별표나 하트, 동그라미로 마음을 표현해 주세요!

☆☆ 천재는 원래 악필ㅋㅋ	☆☆☆ 언젠간 잘쓰게 될 거예요!	☆☆☆☆ 어디서 좀 배우셨나 봐요?	☆☆☆☆☆ 당신이 바로 한석봉!!

97일차　　년　　월　　일

事 師 如 親　必 恭 必 敬
섬길 사　스승 사　같을 여　어버이 친　반드시 필　공손할 공　반드시 필　공경할 경

스승을 섬기기를 부모와 같이 하여
반드시 공손히 하고 반드시 공경하라.

事							
섬길 사	事事事事事事事事						
師							
스승 사	師師師師師師師師師						
如							
같을 여	如如如如如如						
親							
어버이 친	親親親親親親親親親親親親親親						

必						
반드시 필	必必必必必					

恭						
공손할 공	恭恭恭恭恭恭恭恭恭恭					

必						
반드시 필	必必必必必					

敬						
공경할 경	敬敬敬敬敬苟苟苟苟敬敬敬敬					

事師如親 必恭必敬

☆ 적당한 칸에 별표나 하트, 동그라미로 마음을 표현해 주세요!

☆☆	☆☆☆	☆☆☆☆	☆☆☆☆☆
천재는 원래 악필ㅋㅋ	연쇄간 잘쓰게 될 거예요!	어디서 좀 배우셨나ㅋ요?	당신이 바로 환석봉!!

98일차 년 월 일

先生施教 弟子是則
먼저 선   날 생   베풀 시   가르칠 교   아우 제   아들 자   이 시   본받을 칙

선생님이 가르침을 베푸시거든 제자는 이것을 본받아라.

先								
먼저 선	先先先先先先							
生								
날 생	生生生生生							
施								
베풀 시	施施施施施施施施施							
敎								
가르칠 교	敎敎敎敎敎敎敎敎敎敎							

弟								
아우 제	弟 弟 弟 弟 弟 弟 弟							
子								
아들 자	子 子 子							
是								
이 시	是 是 是 是 是 是 是 是 是							
則								
본받을 칙	則 則 則 則 則 則 則 則 則							

先生施教 弟子是則

☆ 적당한 칸에 별표나 하트, 동그라미로 마음을 표현해 주세요!

☆☆ 천재는 원래 악필ㅋㅋ	☆☆☆ 연권간 잘쓰게 될 거예요!	☆☆☆☆ 어디서 좀 배우셨나 봐요?	☆☆☆☆☆ 당신이 바로 한석봉!!

99일차 　 년 　 월 　 일

能 孝 能 悌　莫 非 師 恩
능할 능　효도 효　능할 능　공경할 제　없을 막　아닐 비　스승 사　은혜 은

효도할 수 있고 공경할 수 있는 것은 모두 스승의 은혜이다.

能						
능할 능	能 能 能 能 能 能 能 能 能					
孝						
효도 효	孝 孝 孝 孝 孝 孝 孝					
能						
능할 능	能 能 能 能 能 能 能 能 能					
悌						
공경할 제	悌 悌 悌 悌 悌 悌 悌 悌 悌					

莫							
없을 막	莫莫莫莫莫莫莫莫莫莫						
非							
아닐 비	非非非非非非非非						
師							
스승 사	師師師師師師師師師						
恩							
은혜 은	恩恩恩恩恩恩恩恩恩						

能孝能悌 莫非師恩

☆ 적당한 칸에 별표나 하트, 동그라미로 마음을 표현해 주세요!

☆☆ 천재는 원래 악필ㅋㅋ	☆☆☆ 언젠간 잘쓰게 될 거예요!	☆☆☆☆ 어디서 족 배우셨나 봐요?	☆☆☆☆☆ 당신이 바로 칸석공!!

100일차 년   월   일

能 知 能 行 總 是 師 功
능할능 알지 능할능 행할행   모두총 이시 스승사 공적공

알 수 있고 할 수 있는 것은 모두 스승의 공이다.

能									
능할 능	能 能 能 能 能 能 能 能 能								
知									
알 지	知 知 知 知 知 知 知								
能									
능할 능	能 能 能 能 能 能 能 能 能								
行									
행할 행	行 行 行 行 行 行								

總								
모두 총	總總總總總總總總總總總總							
是								
이 시	是是是是是是是是是							
師								
스승 사	師師師師師師師師師							
功								
공적 공	功功功功功							

能知能行 總是師功

☆ 적당한 칸에 별표나 하트, 동그라미로 마음을 표현해 주세요!

☆☆	☆☆☆	☆☆☆☆	☆☆☆☆☆
천재는 원래 악필ㅋㅋ	연전간 잘쓰게 될 거예요!	어디서 좀 배우셨나 봐요?	당신이 바로 한석봉!!

101일차 년 월 일

年長以倍 父以事之
해년 · 길장 · 써이 · 곱절배 · 아버지부 · 써이 · 섬길사 · 그것지

나이가 배가 되면 아버지로 섬겨라.

年							
해 년	年年年年年年						
長							
길 장	長長長長長長長長						
以							
써 이	以以以以以						
倍							
곱절 배	倍倍倍倍倍倍倍倍倍						

父						
아버지 부	父父父父					
以						
써 이	以以以以以					
事						
섬길 사	事事事事事事事事					
之						
그것 지	之之之之					

年	長	以	倍	父	以	事	之

☆ 적당한 칸에 별표나 하트, 동그라미 로 마음을 표현해 주세요!

☆☆ 천재는 원래 악필ㅋㅋ	☆☆☆ 언젠간 잘 쓰게 될 거예요!	☆☆☆☆ 어디서 혹 배우셨나요?	☆☆☆☆☆ 당신이 바로 한석봉!!

102일차 년   월   일

十 年 以 長　兄 以 事 之
열십　해년　써이　길장　　맏형　써이　섬길사　그것지

열 살이 더 많으면 형으로 섬겨라.

十						
열십	十 十					
年						
해년	年 年 年 年 年 年					
以						
써이	以 以 以 以 以					
長						
길장	長 長 長 長 長 長 長 長					

兄							
맏 형	兄兄兄兄兄						
以							
써 이	以以以以以						
事							
섬길 사	事事事事事事事事						
之							
그것 지	之之之之						

十	年	以	長	兄	以	事	之

☆ 적당한 칸에 별표나 하트, 동그라미로 마음을 표현해 주세요!

☆☆ 천재는 원래 악필ㅋㅋ	☆☆☆ 언젠간 잘 쓰게 될 거예요!	☆☆☆☆ 어디서 좀 배우셨나 봐요?	☆☆☆☆☆ 당신이 바로 한석봉!!

 년　월　일

長者慈幼　幼者敬長
어른 장　사람 자　사랑할 자　어릴 유　　어릴 유　사람 자　공경할 경　어른 장

어른은 아이를 사랑하고 아이는 어른을 공경하라.

長								
어른 장	長長長長長長長長							
者								
사람 자	者者者者者者者者							
慈								
사랑할 자	慈慈慈慈慈慈慈慈慈慈							
幼								
어릴 유	幼幼幼幼幼							

幼							
어릴 유	幼 幼 幼 幼 幼						
者							
사람 자	者 者 者 者 者 者 者 者						
敬							
공경할 경	敬 敬 敬 敬 敬 苟 苟 苟 苟 敬 敬 敬 敬						
長							
어른 장	長 長 長 長 長 長 長 長						

長者慈幼　幼者敬長

☆ 적당한 칸에 별표나 하트, 동그라미로 마음을 표현해 주세요!

☆☆ 천재는 원래 악필ㅋㅋ	☆☆☆ 언젠간 잘 쓰게 될 거예요!	☆☆☆☆ 어디서 즘 배우셨나 보요?	☆☆☆☆☆ 당신이 바로 한석봉!!

104일차 년 월 일

長者之前 進退必恭

어른 장　사람 자　어조사 지　앞 전　　나아갈 진　물러갈 퇴　반드시 필　공손할 공

어른 앞에서는 나아가고 물러가기를 공손히 하라.

長 어른 장	長長長長長長長長
者 사람 자	者者者者者者者者
之 어조사 지	之之之之
前 앞 전	前前前前前前前前

進									
나아갈 진	進	隹	進	隹	隹	隹	隹	進	進 進
退									
물러갈 퇴	退	退	退	艮	艮	退	退	退 退	
必									
반드시 필	必 必 必 必 必								
恭									
공손할 공	恭 恭 恭 恭 共 共 恭 恭 恭 恭								

長	者	之	前	進	退	必	恭

☆ 적당한 칸에 별표나 하트, 동그라미로 마음을 표현해 주세요!

☆☆ 천재는 원래 악필ㅋㅋ	☆☆☆ 연권간 잘 쓰게 될 거예요!	☆☆☆☆ 어디서 좀 배우셨나 봐요?	☆☆☆☆☆ 당신이 바로 한석봉!!

我 敬 人 親　人 敬 我 親

나아　공경할경　사람인　어버이친　　사람인　공경할경　나아　어버이친

내가 남의 부모를 공경하면 남도 내 부모를 공경한다.

我									
나아	我 我 我 我 我 我								
敬									
공경할경	敬 敬 敬 敬 敬 敬 敬 敬 敬 敬 敬 敬								
人									
사람인	人 人								
親									
어버이친	親 親 親 親 親 親 親 親 親 親 親 親 親								

人								
사람 인	人 人							
敬								
공경할 경	敬 敬 敬 敬 敬 苟 苟 苟 苟 敬 敬 敬 敬							
我								
나 아	我 我 我 我 我 我 我							
親								
어버이 친	親 親 親 親 亲 亲 親 亲 親 親 親 親 親 親 親							

我	敬	人	親	人	敬	我	親

☆ 적당한 칸에 별표나 하트, 동그라미로 마음을 표현해 주세요!

참! 잘했어요

☆☆ 천재는 원래 악필ㅋㅋ	☆☆☆ 언젠간 잘 쓰게 될 거예요!	☆☆☆☆ 어디서 좀 배우셨나 봐요?	☆☆☆☆☆ 당신이 바로 한석봉!!

我敬人兄 人敬我兄

나 아 　공경할 경　 사람 인　 맏 형　　사람 인　 공경할 경　 나 아　 맏 형

내가 남의 형을 공경하면 남도 내 형을 공경한다.

我							
나 아	我 我 我 我 我 我						
敬							
공경할 경	敬 敬 敬 敬 敬 敬 敬 敬 敬 敬 敬 敬						
人							
사람 인	人 人						
兄							
맏 형	兄 兄 兄 兄 兄						

人								
사람 인	人 人							
敬								
공경할 경	敬 敬 敬 敬 敬 苟 苟 苟 苟 敬 敬 敬 敬							
我								
나 아	我 我 我 我 我 我 我							
兄								
맏 형	兄 兄 兄 兄 兄							

我	敬	人	兄	人	敬	我	兄

☆ 적당한 칸에 별표나 하트, 동그라미로 마음을 표현해 주세요!

☆☆	☆☆☆	☆☆☆☆	☆☆☆☆☆
천재는 원래 악필ㅋㅋ	언젠간 잘쓰게 될 거예요!	어디서 좀 배우셨나 봐요?	당신이 바로 한석봉!!

107일차   년   월   일

賓客來訪 接待必誠
손님 빈   손님 객   올 래   찾을 방   대접할 접   대접할 대   반드시 필   정성 성

손님이 찾아오거든 대접을 정성스럽게 해라.

賓							
손님 빈	賓賓賓賓賓賓賓賓賓賓賓賓賓賓						
客							
손님 객	客客客客客客客客客						
來							
올 래	來來來來來來來來						
訪							
찾을 방	訪訪訪訪訪訪訪訪訪訪						

接						
대접할 접	接接接接接接接接接接					
待						
대접할 대	待待待待待待待待					
必						
반드시 필	必必必必必					
誠						
정성 성	誠誠誠誠誠誠誠誠誠誠誠誠誠					

賓	客	來	訪	接	待	必	誠

☆ 적당한 칸에 별표나 하트, 동그라미로 마음을 표현해 주세요!

☆☆ 천재는 원래 악필ㅋㅋ	☆☆☆ 언젠간 잘 쓰게 될 거예요!	☆☆☆☆ 어디서 좀 배우셨나 봐요?	☆☆☆☆☆ 당신이 바로 한석봉!!

108일차   년 월 일

賓客不來 門戶寂寞
손님 빈 손님 객 아니 불 올 래   문 문 문 호 고요할 적 고요할 막

손님이 오지 않으면 집안이 적막해진다.

賓									
손님 빈	賓賓賓賓賓賓賓賓賓賓賓賓賓								
客									
손님 객	客客客客客客客客客								
不									
아니 불	不不不不								
來									
올 래	來來來來來來來來								

門								
문 문	門門門門門門門門							
戶								
문 호	戶戶戶戶							
寂								
고요할 적	寂寂寂寂寂寂寂寂寂寂							
寞								
고요할 막	寞寞寞寞寞寞寞寞寞寞寞寞寞							

賓客不來 門戶寂寞

☆ 적당한 칸에 별표나 하트, 동그라미로 마음을 표현해 주세요!

☆☆	☆☆☆	☆☆☆☆	☆☆☆☆☆
천재는 원래 악필ㅋㅋ	엔젠간 잘 쓰게 될 거예요!	어디서 좀 배우셨나 봐요?	당신이 바로 한석봉!!

참! 잘했어요

109일차　년　월　일

貧窮困厄　親戚相救
가난할 빈　궁할 궁　곤할 곤　재앙 액　　친척 친　친척 척　서로 상　구원할 구

가난하고 어려울 때는 친척끼리 서로 구하라

貧									
가난할 빈	貧 貧 貧 貧 貧 貧 貧 貧 貧 貧 貧								
窮									
궁할 궁	窮 窮 窮 窮 窮 窮 窮 窮 窮 窮 窮 窮 窮								
困									
곤할 곤	困 困 困 困 困 困 困								
厄									
재앙 액	厄 厄 厄 厄								

親									
친척 친	親親親親亲親亲亲親親親親親親								
戚									
친척 척	戚戚戚戚戚戚戚戚戚戚戚								
相									
서로 상	相相相相相相相相相								
救									
구원할 구	救救救救救救救救救救								

貧窮困厄 親戚相救

☆ 적당한 칸에 별표나 하트, 동그라미로 마음을 표현해 주세요!

☆☆ 천재는 원래 악필ㅋㅋ	☆☆☆ 언젠간 잘쓰게 될 거예요!	☆☆☆☆ 어디서 좀 배우셨나 봐요?	☆☆☆☆☆ 당신이 바로 한석봉!!

110일차 년 월 일

婚姻死喪 鄰保相助
혼인할 혼 혼인할 인 죽을 사 죽을 상   이웃 린 도울 보 서로 상 도울 조

혼인과 초상에는 이웃끼리 서로 도와라.

婚	婚 婚 婚 婚 婚 婚 婚 婚 婚 婚								
혼인할 혼									
姻	姻 姻 姻 姻 姻 姻 姻 姻								
혼인할 인									
死	死 死 死 死 死 死								
죽을 사									
喪	喪 喪 喪 喪 喪 喪 喪 喪 喪 喪								
죽을 상									

鄰							
이웃 린	鄰 鄰 鄰 鄰 鄰 鄰 鄰 鄰 鄰 鄰 鄰 鄰 鄰 鄰						
保							
도울 보	保保保保保保保保保						
相							
서로 상	相相相相相相相相相						
助							
도울 조	助助助助助助助						

婚	姻	死	喪	鄰	保	相	助

☆ 적당한 칸에 별표나 하트, 동그라미로 마음을 표현해 주세요!

☆☆ 천재는 원래 악필ㅋㅋ	☆☆☆ 언젠간 잘 쓰게 될 거예요!	☆☆☆☆ 어디서 좀 배우셨나 봐요?	☆☆☆☆☆ 당신이 바로 한석봉!!

111일차   년   월   일

德業相勸 過失相規
덕 덕   일 업   서로 상   권할 권   잘못 과   잘못 실   서로 상   바로잡을 규

좋은 일은 서로 권하고 잘못은 서로 바로잡아라.

德									
덕 덕	德德德德德德德德德德德								
業									
일 업	業業業業業業業業業業業								
相									
서로 상	相相相相相相相相								
勸									
권할 권	勸勸勸勸勸勸勸勸勸勸勸勸勸勸								

過									
잘못 과	過	過	過	過	過	過	過	過	過	過

失									
잘못 실	失	失	失	失	失					

相									
서로 상	相	相	相	相	相	相	相	相	相	

規									
바로잡을 규	規	規	規	規	規	規	規	規	規	規

德業相勸 過失相規

☆ 적당한 칸에 별표나 하트, 동그라미로 마음을 표현해 주세요!

☆☆	☆☆☆	☆☆☆☆	☆☆☆☆☆
천재는 원래 악필ㅋㅋ	언젠간 잘 쓰게 될 거예요!	어디서 좀 배우셨나 봐요?	당신이 바로 한석봉!!

112일차   년 월 일

禮俗相交 患難相恤

예절 예   풍속 속   서로 상   사귈 교   근심 환   어려울 난   서로 상   돌볼 휼

예에 맞는 풍속으로 서로 사귀고 어려운 상황에서는 서로 돌보아라.

禮									
예절 예	禮禮禮禮禮禮禮禮禮禮禮禮禮禮								
俗									
풍속 속	俗俗俗俗俗俗俗俗俗								
相									
서로 상	相相相相相相相相相								
交									
사귈 교	交交交交交交								

患							
근심 환	患患患患患患患患患患						
難							
어려울 난	難難難難難難難難難難難難難難						
相							
서로 상	相相相相相相相相相						
恤							
돌볼 휼	恤恤恤恤恤恤恤恤						

禮俗相交 患難相恤

☆ 적당한 칸에 별표나 하트, 동그라미로 마음을 표현해 주세요!

| ☆☆
천재는 원래
악필ㅋㅋ | ☆☆☆
연찮간
잘쓰게 될 거예요! | ☆☆☆☆
어디서 좀
배우셨나 뵈요? | ☆☆☆☆☆
당신이 바로
한석봉!! |
|---|---|---|---|
| | | | |

113일차 년 월 일

修身齊家 治國之本
닦을 수 · 몸 신 · 가지런할 제 · 집 가 · 다스릴 치 · 나라 국 · 어조사 지 · 근본 본

몸을 닦고 집안을 가지런히 하는 것은 나라를 다스리는 근본이다.

修	修修修修修修修修修修
닦을 수	
身	身身身身身身身
몸 신	
齊	齊齊齊齊齊齊齊齊齊齊齊齊
가지런할 제	
家	家家家家家家家家家家
집 가	

治								
다스릴 치	治治治治治治治治							
國								
나라 국	國國國國國國國國國國國							
之								
어조사 지	之之之之							
本								
근본 본	本本本本本							

修身齊家 治國之本

☆ 적당한 칸에 별표나 하트, 동그라미로 마음을 표현해 주세요!

☆☆ 천재는 원래 악필ㅋㅋ	☆☆☆ 언젠간 잘쓰게 될 거예요!	☆☆☆☆ 어디서 좀 배우셨나 봐요?	☆☆☆☆☆ 당신이 바로 한석봉!!

114일차　　년　월　일

讀書勤儉　起家之本
읽을 독　책 서　힘쓸 근　검소할 검　　일어날 기　집 가　어조사 지　근본 본

책을 읽는 것과 검소함에 힘쓰는 것은 집안을 일으키는 근본이다.

讀						
읽을 독	讀讀讀讀讀讀讀讀讀讀讀讀讀讀讀讀讀					
書						
책 서	書書書書書書書書書書					
勤						
힘쓸 근	勤勤勤勤勤勤勤勤勤勤勤勤勤					
儉						
검소할 검	儉儉儉儉儉儉儉儉儉儉儉儉儉					

起								
일어날 기	起起起起起起起起起							
家								
집 가	家家家家家家家家家家							
之								
어조사 지	之之之之							
本								
근본 본	本本本本本							

讀書勤儉 起家之本

☆ 적당한 칸에 별표나 하트, 동그라미 로 마음을 표현해 주세요!

☆☆ 천재는 원래 악필ㅋㅋ	☆☆☆ 언젠간 잘쓰게 될 거예요!	☆☆☆☆ 어디서 좀 배우셨나 봐요?	☆☆☆☆☆ 당신이 바로 한석봉!!

115일차 　년　월　일

忠信慈祥 溫良恭儉

충성 충　믿을 신　사랑할 자　착할 상　온화할 온　어질 량　공손할 공　검소할 검

충실하고 믿음직하며 인자하고 선량하며
온화하고 어질며 공손하고 검소해야 한다.

忠								
충성 충	忠忠忠忠忠忠忠							
信								
믿을 신	信信信信信信信信							
慈								
사랑할 자	慈慈慈慈慈慈慈慈慈慈							
祥								
착할 상	祥祥祥祥祥祥祥祥祥							

溫								
온화할 온	溫溫溫溫溫溫溫溫溫溫溫溫							
良								
어질 량	良良良良良良良							
恭								
공손할 공	恭恭恭恭恭恭恭恭恭恭							
儉								
검소할 검	儉儉儉儉儉儉儉儉儉儉儉儉儉							

忠	信	慈	祥	溫	良	恭	儉

☆ 적당한 칸에 별표나 하트, 동그라미로 마음을 표현해 주세요!

☆☆ 천재는 원래 악필ㅋㅋ	☆☆☆ 언젠간 잘쓰게 될 거예요!	☆☆☆☆ 어디서 좀 배우셨나 봐요?	☆☆☆☆☆ 당신이 바로 한석봉!!

116일차   년   월   일

人之德行 謙讓爲上
사람 인 어조사 지 덕 덕 행실 행   겸손할 겸 사양할 양 될 위 윗 상

사람의 덕행은 겸손하고 양보하는 것이 최고다.

人									
사람 인	人人								
之									
어조사 지	之之之之								
德									
덕 덕	德德德德德德德德德德德								
行									
행실 행	行行行行行行								

謙								
겸손할 겸	謙謙謙謙謙謙謙謙謙謙謙謙謙謙謙							
讓								
사양할 양	讓讓讓讓讓讓讓讓讓讓讓讓讓讓讓讓							
爲								
될 위	爲爲爲爲爲爲爲爲爲爲爲爲							
上								
윗 상	上上上							

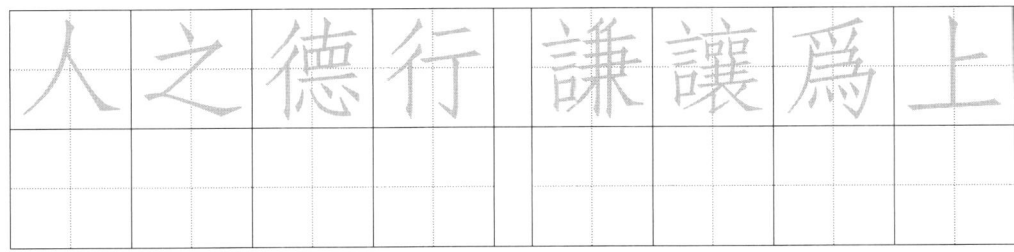

☆ 적당한 칸에 별표나 하트, 동그라미로 마음을 표현해 주세요!

☆☆ 천재는 원래 악필ㅋㅋ	☆☆☆ 언젠간 잘쓰게 될 거예요!	☆☆☆☆ 어디서 돈 배우셨나 봐요?	☆☆☆☆☆ 당신이 바로 한석봉!!

117일차　　년　월　일

我身能賢 譽及父母
나아　몸신　능할능　어질현　　명예예　미칠급　아버지부　어머니모

내가 현명하면 그 명예가 부모님에게 미친다.

我							
나 아	我我我我我我我						
身							
몸 신	身身身身身身身						
能							
능할 능	能能能能能能能能能能						
賢							
어질 현	賢賢賢賢賢賢賢賢賢賢賢賢賢						

譽								
명예 예	譽 譽 譽 譽 譽 譽 譽 譽 譽 譽 譽 譽 譽 譽 譽 譽							

及								
미칠 급	及 及 及 及							

父								
아버지 부	父 父 父 父							

母								
어머니 모	母 母 母 母 母							

我	身	能	賢	譽	及	父	母

☆ 적당한 칸에 별표나 하트, 동그라미로 마음을 표현해 주세요!

☆☆	☆☆☆	☆☆☆☆	☆☆☆☆☆
천재는 원래 악필ㅋㅋ	언젠간 잘 쓰게 될 거예요!	어디서 좀 배우셨나 봐요?	당신이 바로 한석봉!!

118일차   년   월   일

我 身 不 賢   辱 及 父 母
나아 몸신 아니불 어질현   욕될욕 미칠급 아버지부 어머니모

내가 현명하지 못하면 그 치욕이 부모님에게 미친다.

我								
나아	我我我我我我我							
身								
몸신	身身身身身身身							
不								
아니불	不不不不							
賢								
어질현	賢賢賢賢賢賢賢賢賢賢賢賢賢賢							

辱								
욕될 욕	辱辱辱辱辱辰辰辰辱辱							
及								
미칠 급	及及及及							
父								
아버지 부	父父父父							
母								
어머니 모	母母母母母							

我	身	不	賢	辱	及	父	母

☆ 적당한 칸에 별표나 하트, 동그라미로 마음을 표현해 주세요!

☆☆ 천재는 원래 악필ㅋㅋ	☆☆☆ 언젠간 잘쓰게 될 거예요!	☆☆☆☆ 어디서 좀 배우셨나 봐요?	☆☆☆☆☆ 당신이 바로 한석봉!!

119일차 년 월 일

人倫之中 忠孝爲本

사람 인   인륜 륜   어조사 지   가운데 중   충성 충   효도 효   될 위   근본 본

인륜 가운데에 충성과 효도가 근본이다.

人								
사람 인	人 人							
倫								
인륜 륜	倫 倫 倫 倫 倫 倫 倫 倫 倫							
之								
어조사 지	之 之 之 之							
中								
가운데 중	中 中 中 中							

忠 충성 충	忠忠忠忠忠忠忠					
孝 효도 효	孝孝孝孝孝孝孝					
爲 될 위	爲爲爲爲爲爲爲爲爲爲爲爲					
本 근본 본	本十木木本					

人	倫	之	中	忠	孝	爲	本

☆ 적당한 칸에 별표나 하트, 동그라미로 마음을 표현해 주세요!

☆☆ 천재는 원래 악필ㅋㅋ	☆☆☆ 언젠간 잘쓰게 될 거예요!	☆☆☆☆ 어디서 좀 배우셨나 봐요?	☆☆☆☆☆ 당신이 바로 한석봉!!

120일차 년 월 일

孝當竭力 忠則盡命
효도 효　마땅 당　다할 갈　힘 력　　충성 충　곧 즉　다할 진　목숨 명

효도는 마땅히 힘을 다하는 것이고, 충성은 목숨을 다하는 것이다.

孝					
효도 효	孝 孝 孝 孝 孝 孝 孝				
當					
마땅 당	當 當 當 當 當 當 當 當 當 當 當 當 當				
竭					
다할 갈	竭 竭 竭 竭 竭 竭 竭 竭 竭 竭 竭				
力					
힘 력	力 力				

244

忠							
충성 충	忠忠忠忠忠忠忠						
則							
곧 즉	則則則則則則則則則						
盡							
다할 진	盡盡盡盡盡盡盡盡盡盡盡盡盡						
命							
목숨 명	命命命命命命命命						

孝	當	竭	力	忠	則	盡	命

☆ 적당한 칸에 별표나 하트, 동그라미로 마음을 표현해 주세요!

☆☆ 천재는 원래 악필ㅋㅋ	☆☆☆ 언젠간 잘쓰게 될 거예요!	☆☆☆☆ 어디서 좀 배우셨나 봐요^^	☆☆☆☆☆ 당신이 바로 한석봉!!

121일차   년 월 일

非禮勿視　非禮勿聽
아닐 비　예절 례　말 물　볼 시　아닐 비　예절 례　말 물　들을 청

예에 맞지 않으면 보지 말고, 예에 맞지 않으면 듣지 마라.

非							
아닐 비	非非非非非非非						
禮							
예절 례	禮禮禮禮禮禮禮禮禮禮禮禮禮禮						
勿							
말 물	勿勿勿勿						
視							
볼 시	視視視視視視視視視視						

非							
아닐 비	非非非非非非非非						
禮							
예절 례	禮禮禮禮禮禮禮禮禮禮禮禮禮						
勿							
말 물	勿勿勿勿						
聽							
들을 청	聽聽聽聽聽聽聽聽聽聽聽聽聽聽聽聽聽						

非禮勿視 非禮勿聽

☆ 적당한 칸에 별표나 하트, 동그라미로 마음을 표현해 주세요!

☆☆	☆☆☆	☆☆☆☆	☆☆☆☆☆
천자는 원래 악필ㅋㅋ	언젠간 잘쓰게 될 거예요!	어디서 좀 배우셨나 봐요?	당신이 바로 한석봉!!

非禮勿言 非禮勿動

아닐 비　예절 례　말 물　말씀 언　　아닐 비　예절 례　말 물　움직일 동

예에 맞지 않으면 말하지 말며, 예에 맞지 않으면 행동하지 마라.

非							
아닐 비	非非非非非非非						
禮							
예절 례	禮禮禮禮禮禮禮禮禮禮禮禮禮						
勿							
말 물	勿勿勿勿						
言							
말씀 언	言言言言言言						

非								
아닐 비	非非非非非非非非							
禮								
예절 례	禮禮禮禮禮禮禮禮禮禮禮禮禮禮							
勿								
말 물	勿勿勿勿							
動								
움직일 동	動動動動動動動動動							

非禮勿言 非禮勿動

☆ 적당한 칸에 별표나 하트, 동그라미로 마음을 표현해 주세요!

☆☆ 천재는 원래 악필ㅋㅋ	☆☆☆ 언젠간 잘쓰게 될 거예요!	☆☆☆☆ 어디서 좀 배우셨나 봐요?	☆☆☆☆☆ 당신이 바로 한석봉!!

123일차   년   월   일

始 習 文 字 　 字 畫 楷 正

처음 시 　 익힐 습 　 글월 문 　 글자 자 　 　 글자 자 　 그을 획 　 바를 해 　 바를 정

처음 글을 배울 때는 글자의 획을 바르게 써라.

始							
처음 시	始 始 始 始 始 始 始						
習							
익힐 습	習 習 習 習 習 習 習 習 習						
文							
글월 문	文 文 文 文						
字							
글자 자	字 字 字 字 字 字						

字							
글자 자	字字字字字字						
畫							
그을 획	畫畫畫畫畫畫畫畫畫畫畫畫						
楷							
바를 해	楷楷楷楷楷楷楷楷楷楷						
正							
바를 정	正正正正正						

始習文字 字畫楷正

☆ 적당한 칸에 별표나 하트, 동그라미로 마음을 표현해 주세요!

☆☆ 천재는 원래 악필ㅋㅋ	☆☆☆ 언젠걘 잘쓰게 될 거예요!	☆☆☆☆ 어디서 좀 배우셨나 봐요?	☆☆☆☆☆ 당신이 바로 한석봉!!

124일차   년 월 일

書冊狼藉　每必整頓
책서　책책　어지러울 랑　깔자　　매양 매　반드시 필　가지런할 정　정돈할 돈

책이 어지럽게 흩어져 있으면 매번 반드시 정돈하라.

書	
책 서	書書書書書書書書書書
冊	
책 책	冊冊冊冊冊
狼	
어지러울 랑	狼狼狼狼狼狼狼狼狼
藉	
깔 자	藉藉藉藉藉藉藉藉藉藉藉藉藉藉

每							
매양 매	每每每每每每每						
必							
반드시 필	必必必必必						
整							
가지런할 정	整整整整整整整整整整整整整整整						
頓							
정돈할 돈	頓頓頓頓頓頓頓頓頓頓頓頓頓						

書冊狼藉 每必整頓

☆ 적당한 칸에 별표나 하트, 동그라미로 마음을 표현해 주세요!

☆☆ 천재는 원래 악필ㅋㅋ	☆☆☆ 언젠간 잘쓰게 될 거예요!	☆☆☆☆ 어디서 좀 배우셨나 봐요?	☆☆☆☆☆ 당신이 바로 한석봉!!

125일차 년 월 일

夙興夜寐 勿懶讀書
일찍숙　일어날흥　밤야　잘매　　말물　게으를라　읽을독　책서

일찍 일어나 밤늦게까지 책 읽기를 게을리하지 마라.

夙							
일찍 숙	夙夙夙夙夙夙						
興							
일어날 흥	興興興興興興興興興興興興興						
夜							
밤 야	夜夜夜夜夜夜夜夜						
寐							
잘 매	寐寐寐寐寐寐寐寐寐寐寐						

勿							
말 물	勿勿勿勿						
懶							
게으를 라	懶懶懶忄忄忄忄忄悚悚悚悚慒慒慒懶懶						
讀							
읽을 독	讀讀讀讀讀讀讀讀讀讀讀讀讀讀讀讀讀讀						
書							
책 서	書書書書書書書書書書						

夙興夜寐 勿懶讀書

☆ 적당한 칸에 별표나 하트, 동그라미로 마음을 표현해 주세요!

☆☆ 천재는 원래 악필ㅋㅋ	☆☆☆ 언젠간 잘 쓰게 될 거예요!	☆☆☆☆ 어디서 좀 배우셨나 봐요?	☆☆☆☆☆ 당신이 바로 한석봉!!

126일차 년 월 일

勤勉工夫 父母悅之
부지런할 근 힘쓸 면 장인 공 사내 부 아버지 부 어머니 모 기쁠 열 어조사 지

공부에 부지런히 힘쓰면 부모님이 기뻐하신다.

勤	
부지런할 근	勤勤勤勤勤勤勤勤勤勤勤勤勤
勉	
힘쓸 면	勉勉勉勉勉勉勉勉勉
工	
장인 공	工工工
夫	
사내 부	夫夫夫夫

父								
아버지 부	父父父父							
母								
어머니 모	母母母母母							
悅								
기쁠 열	悅悅悅悅悅悅悅悅悅悅							
之								
어조사 지	之之之之							

勤	勉	工	夫	父	母	悅	之

☆ 적당한 칸에 별표나 하트, 동그라미로 마음을 표현해 주세요!

☆☆ 천재는 원래 악필ㅋㅋ	☆☆☆ 언젠간 잘쓰게 될 거예요!	☆☆☆☆ 어디서 좀 배우셨나 봐요?	☆☆☆☆☆ 당신이 바로 한석봉!!

127일차 년 월 일

學優則仕 爲國盡忠
배울 학   넉넉할 우   곧 즉   벼슬할 사   위할 위   나라 국   다할 진   충성 충

배움이 쌓이면 벼슬길로 나아가, 나라를 위해 충성을 다하라.

學													
배울 학	學 學 學 學 學 學 學 學 學 學 學 學 學 學 學												
優													
넉넉할 우	優 優 優 優 優 優 優 優 優 優 優 優 優 優 優												
則													
곧 즉	則 則 則 則 則 則 則 則 則												
仕													
벼슬 사	仕 仕 仕 仕 仕												

爲							
위할 위	爲 爲 爲 爲 爲 爲 爲 爲 爲 爲 爲						
國							
나라 국	國 國 國 國 國 國 國 國 國 國 國						
盡							
다할 진	盡 盡 盡 盡 盡 盡 盡 盡 盡 盡 盡 盡 盡						
忠							
충성 충	忠 忠 忠 忠 忠 忠 忠 忠						

學 優 則 仕 爲 國 盡 忠

☆ 적당한 칸에 별표나 하트, 동그라미로 마음을 표현해 주세요!

☆☆ 천재는 원래 악필ㅋㅋ	☆☆☆ 언젠간 잘쓰게 될 거예요!	☆☆☆☆ 어디서 좀 배우셨나 봐요?	☆☆☆☆☆ 당신이 바로 한석봉!!

128일차 년 월 일

敬信節用 愛民如子
공경할 경　믿을 신　절약할 절　쓸 용　　사랑할 애　백성 민　같을 여　아들 자

신의를 다하고 아껴 쓰며, 백성을 사랑하기를 자식과 같이 하라.

敬									
공경할 경	敬敬敬敬敬敬敬敬敬敬敬敬								
信									
믿을 신	信信信信信信信信								
節									
절약할 절	節節節節節節節節節節節								
用									
쓸 용	用用用用用								

愛								
사랑할 애	愛愛愛愛愛愛愛愛愛愛愛愛愛							
民								
백성 민	民民民民民							
如								
갈을 여	如如如如如如							
子								
아들 자	子子子							

敬	信	節	用	愛	民	如	子

☆ 적당한 칸에 별표나 하트, 동그라미로 마음을 표현해 주세요!

☆☆ 천재는 원래 악필ㅋㅋ	☆☆☆ 언젠간 잘 쓰게 될 거예요!	☆☆☆☆ 어디서 좀 배우셨나 봐요?	☆☆☆☆☆ 당신이 바로 한석봉!!

129일차 년 월 일

足容必重 手容必恭

발족　모양용　반드시필　신중할중　　손수　모양용　반드시필　공손할공

발걸음은 반드시 신중히 하며 손은 반드시 공손히 하라.

足								
발 족	足足足足足足足							
容								
모양 용	容容容容容容容容容容							
必								
반드시 필	必必必必							
重								
신중할 중	重重重重重重重重							

手							
손 수	手手手手						
容							
모양 용	容容容容容容容容容容						
必							
반드시 필	必必必必必						
恭							
공손할 공	恭恭恭恭恭恭恭恭恭恭						

足容必重 手容必恭

☆ 적당한 칸에 별표나 하트, 동그라미로 마음을 표현해 주세요!

☆☆ 천재는 원래 악필ㅋㅋ	☆☆☆ 언젠간 잘 쓰게 될 거예요!	☆☆☆☆ 어디서 좀 배우셨나 봐요?	☆☆☆☆☆ 당신이 바로 한석봉!!

130일차   년   월   일

目容必端 口容必止
눈 목 모양 용 반드시 필 단정할 단   입 구 모양 용 반드시 필 그칠 지

눈빛은 반드시 단정하게 하며 입은 반드시 꼭 다물어라.

目									
눈 목	目目目目目								
容									
모양 용	容容容容容容容容容容								
必									
반드시 필	必必必必								
端									
단정할 단	端端端端端端端端端端端								

口						
입 구	口 口 口					
容						
모양 용	容容容容容容容容容容					
必						
반드시 필	必 必 必 必 必					
止						
그칠 지	止 止 止 止					

目 容 必 端 口 容 必 止

☆ 적당한 칸에 별표나 하트, 동그라미로 마음을 표현해 주세요!

☆☆ 천재는 원래 악필ㅋㅋ	☆☆☆ 언젠간 잘쓰게 될 거예요!	☆☆☆☆ 어디서 좀 배우셨나 봐요?	☆☆☆☆☆ 당신이 바로 한석봉!!

131일차 년   월   일

聲 容 必 靜 頭 容 必 直

소리 성 모양 용 반드시 필 고요할 정   머리 두 모양 용 반드시 필 곧을 직

말은 반드시 조용히 하며 머리는 반드시 꼿꼿이 하라.

聲															
소리 성	聲	聲	聲	聲	聲	聲	聲	聲	聲	聲	聲	聲	聲	聲	聲
容															
모양 용	容	容	容	容	容	容	容	容	容	容					
必															
반드시 필	必	必	必	必											
靜															
고요할 정	靜	靜	靜	靜	靜	靜	靜	靜	靜	靜	靜	靜	靜	靜	靜

頭							
머리 두	頭頭頭頭頭頭頭頭頭頭頭頭頭頭頭頭						
容							
모양 용	容容容容容容容容容容						
必							
반드시 필	必必必必必						
直							
곧을 직	直直直直直直直直						

聲容必靜 頭容必直

☆ 적당한 칸에 별표나 하트, 동그라미로 마음을 표현해 주세요!

☆☆	☆☆☆	☆☆☆☆	☆☆☆☆☆
천재는 원래 악필ㅋㅋ	언젠간 잘쓰게 될거예요!	어디서 좀 배우셨나 봐요?	당신이 바로 한석봉!!

132일차　　년　월　일

氣容必肅　立容必德

기운 기　모양 용　반드시 필　엄숙할 숙　　설 립　모양 용　반드시 필　덕 덕

숨을 쉴 때는 반드시 고르게 쉬고
서 있을 때는 반드시 의젓하게 서라.

氣									
기운 기	氣	氣	氣	氣	氣	氣	氣	氣	氣
容									
모양 용	容	容	容	容	容	容	容	容	容
必									
반드시 필	必	必	必	必					
肅									
엄숙할 숙	肅	肅	肅	肅	肅	肅	肅	肅	肅

立						
설 립	立 立 立 立 立					
容						
모양 용	容容容容容容容容容容					
必						
반드시 필	必 必 必 必 必					
德						
덕 덕	德德德德德德德德德德德德					

氣容必肅 立容必德

☆ 적당한 칸에 별표나 하트, 동그라미로 마음을 표현해 주세요!

☆☆	☆☆☆	☆☆☆☆	☆☆☆☆☆
컨재는 원래 악필ㅋㅋ	연권간 잘쓰게 될 거예요!	어디서 좀 배우셨나 믜요?	당신이 바로 한석봉!!

133일차   년   월   일

色容必莊 是曰九容

낯 색   모양 용   반드시 필   씩씩할 장   이 시   말할 왈   아홉 구   모양 용

표정은 반드시 씩씩하게 해야 하니, 이를 구용(아홉 가지의 행동거지)이라 한다.

色								
낯 색	色色色色色色							
容								
모양 용	容容容容容容容容容容							
必								
반드시 필	必必必必必							
莊								
씩씩할 장	莊莊莊莊莊莊莊莊莊莊							

是								
이 시	是是是是是是是是是							
日								
말할 왈	曰曰曰曰							
九								
아홉 구	九九							
容								
모양 용	容容容容容容容容容容							

色	容	必	莊	是	曰	九	容

☆ 적당한 칸에 별표나 하트, 동그라미로 마음을 표현해 주세요!

☆☆ 천재는 원래 악필ㅋㅋ	☆☆☆ 언젠간 잘 쓰게 될 거예요!	☆☆☆☆ 어디서 좀 배우셨나 봐요?	☆☆☆☆☆ 당신이 바로 한석봉!!

視必思明 聽必思聰

볼 시 　반드시 필　 생각할 사　 밝을 명　　 들을 청　 반드시 필　 생각할 사　 귀 밝을 총

볼 때는 반드시 명확하게 보려 하고
들을 때는 반드시 분명하게 들으려 하라.

視								
볼 시	視視視視視視視視視視							
必								
반드시 필	必必必必必							
思								
생각할 사	思思思思思思思思思							
明								
밝을 명	明明明明明明明							

聽								
들을 청	聽聽聽聽聽聽聽聽聽聽聽聽聽聽聽聽聽聽							
必								
반드시 필	必必必必必							
思								
생각할 사	思思思思思思思思思							
聰								
귀 밝을 총	聰聰聰聰聰聰聰聰聰聰聰聰聰聰聰							

視	必	思	明	聽	必	思	聰

☆ 적당한 칸에 별표나 하트, 동그라미로 마음을 표현해 주세요!

☆☆ 천재는 원래 악필ㅋㅋ	☆☆☆ 언젠간 잘쓰게 될 거예요!	☆☆☆☆ 어디서 좀 배우셨나 봐요?	☆☆☆☆☆ 당신이 바로 한석봉!!

135일차   년   월   일

色必思溫 貌必思恭

낯색　반드시 필　생각할 사　온화할 온　　모양 모　반드시 필　생각할 사　공손할 공

표정은 반드시 온화하게 하려 하고
용모는 반드시 공손하게 하려 하라.

色							
낯 색	色色色色色色						
必							
반드시 필	必必必必必						
思							
생각할 사	思思思思思思思思思						
溫							
온화할 온	溫溫溫溫溫溫溫溫溫溫溫溫溫						

貌									
모양 모	貌 貌 貌 貌 貌 貌 貌 貌 貌 貌 貌 貌 貌								
必									
반드시 필	必 必 必 必 必								
思									
생각할 사	思 思 思 思 思 思 思 思 思								
恭									
공손할 공	恭 恭 恭 恭 恭 恭 恭 恭 恭 恭								

色	必	思	溫	貌	必	思	恭		

☆ 적당한 칸에 별표나 하트, 동그라미로 마음을 표현해 주세요!

☆☆ 천재는 원래 악필ㅋㅋ	☆☆☆ 언젠간 잘쓰게 될 거예요!	☆☆☆☆ 어디서 좀 배우셨나 봐요?	☆☆☆☆☆ 당신이 바로 한석봉!!

136일차　　년　　월　　일

言必思忠　事必思敬
말씀 언　반드시 필　생각할 사　충성 충　　일 사　반드시 필　생각할 사　공경할 경

말은 반드시 성실히 하려 하고 일은 반드시 최선을 다하려 하라.

言								
말씀 언	言言言言言言言							
必								
반드시 필	必必必必必							
思								
생각할 사	思思思思思思思思							
忠								
충성 충	忠忠忠忠忠忠忠							

事								
일 사	事事事事事事事事							
必								
반드시 필	必必必必必							
思								
생각할 사	思思思思思思思思							
敬								
공경할 경	敬敬敬敬敬敬敬敬敬敬敬敬敬							

言必思忠 事必思敬

☆ 적당한 칸에 별표나 하트, 동그라미로 마음을 표현해 주세요!

☆☆ 천재는 원래 악필ㅋㅋ	☆☆☆ 언젠간 잘 쓰게 될 거예요!	☆☆☆☆ 어디서 좀 배우셨나 봐요?	☆☆☆☆☆ 당신이 바로 한석봉!!

疑必思問　忿必思難

의심할 의　반드시 필　생각할 사　물을 문　　분할 분　반드시 필　생각할 사　어려울 난

의심나는 것은 반드시 물으려 하고
화가 날 때에는 반드시 어려운 일이 닥칠 것을 생각하라.

疑						
의심할 의	疑 疑 疑 疑 疑 疑 疑 疑 疑 疑 疑 疑 疑					
必						
반드시 필	必 必 必 必 必					
思						
생각할 사	思 思 思 思 思 思 思 思 思					
問						
물을 문	問 問 問 問 問 問 問 問 問					

忿							
분할 분	忿忿忿忿忿忿忿忿						
必							
반드시 필	必必必必必						
思							
생각할 사	思思思思思思思思思						
難							
어려울 난	難難難難難難難難難難難難難難難難						

疑	必	思	問	忿	必	思	難

☆ 적당한 칸에 별표나 하트, 동그라미로 마음을 표현해 주세요!

☆☆ 천재는 원래 악필ㅋㅋ	☆☆☆ 언젠간 잘쓰게 될 거에요!	☆☆☆☆ 어디서 좀 배우셨나 봐요?	☆☆☆☆☆ 당신이 바로 한석봉!!

138일차   년   월   일

見得思義 是曰九思
볼 견　얻을 득　생각할 사　옳을 의　　이 시　말할 왈　아홉 구　생각할 사

얻을 것을 보면 의롭고자 하니, 이를 구사(아홉 가지의 생각)라고 한다.

見								
볼 견	見見見見見見見							
得								
얻을 득	得得得得得得得得得							
思								
생각할 사	思思思思思思思思							
義								
옳을 의	義義義義義義義義義義義義							

是							
이 시	是是是是是是是是是						
曰							
말할 왈	曰曰曰曰						
九							
아홉 구	九九						
思							
생각할 사	思思思思思思思思						

見	得	思	義	是	曰	九	思

☆ 적당한 칸에 별표나 하트, 동그라미로 마음을 표현해 주세요!

☆☆ 천재는 원래 악필ㅋㅋ	☆☆☆ 언젠가 잘 쓰게 될 거예요!	☆☆☆☆ 어디서 좀 배우셨나 봐요?	☆☆☆☆☆ 당신이 바로 한석봉!!

139일차 년 월 일

元亨利貞 天道之常

으뜸 원 형통할 형 이로울 이 곧을 정   하늘 천 도리 도 어조사 지 항상 상

원, 형, 이, 정은 천도의 영원함이다.

元								
으뜸 원	元 元 元 元							
亨								
형통할 형	亨 亨 亨 亨 亨 亨 亨							
利								
이로울 이	利 利 利 利 利 利 利							
貞								
곧을 정	貞 貞 貞 貞 貞 貞 貞 貞 貞							

天									
하늘 천	天 天 天 天								
道									
도리 도	道 道 道 道 道 道 道 道 道 道 道								
之									
어조사 지	之 之 之 之								
常									
항상 상	常 常 常 常 常 常 常 常 常 常 常								

元亨利貞 天道之常

☆ 적당한 칸에 별표나 하트, 동그라미로 마음을 표현해 주세요!

☆☆ 천재는 원래 악필ㅋㅋ	☆☆☆ 언젠간 잘쓰게 될 거예요!	☆☆☆☆ 어디서 좀 배우셨나 봐요?	☆☆☆☆☆ 당신이 바로 한석봉!!

140일차 년 월 일

仁義禮智 人性之綱

어질 인 옳을 의 예절 예 지혜 지 사람 인 성품 성 어조사 지 벼리 강

인, 의, 예, 지는 사람됨의 핵심이다.

仁									
어질 인	仁 仁 仁 仁								
義									
옳을 의	義 義 義 義 義 義 義 義 義 義 義 義								
禮									
예절 예	禮 禮 禮 禮 禮 禮 禮 禮 禮 禮 禮 禮 禮 禮 禮								
智									
지혜 지	智 智 智 智 智 智 智 智 智 智 智 智								

人						
사람 인	人 人					
性						
성품 성	丿 丶 忄 忄 忄 忄 性 性					
之						
어조사 지	之 之 之 之					
綱						
벼리 강	綱 綱 綱 綱 綱 綱 綱 綱 綱 綱 綱 綱					

仁義禮智 人性之綱

☆ 적당한 칸에 별표나 하트, 동그라미로 마음을 표현해 주세요!

☆☆ 천재는 원래 악필ㅋㅋ	☆☆☆ 언젠간 잘쓰게 될 거예요!	☆☆☆☆ 어디서 좀 배우셨나 봐요?	☆☆☆☆☆ 당신이 바로 한석봉!!

141일차 년 월 일

君 爲 臣 綱 父 爲 子 綱
임금 군 될 위 신하 신 벼리 강 아버지 부 될 위 아들 자 벼리 강

임금은 신하의 본보기가 되고, 아버지는 자식의 본보기가 된다.

君								
임금 군	君君君君君君							
爲								
될 위	爲爲爲爲爲爲爲爲爲爲							
臣								
신하 신	臣臣臣臣臣臣							
綱								
벼리 강	綱綱綱綱綱綱綱綱綱綱							

父								
아버지 부	父父父父							
爲								
될 위	爲爲爲爲爲爲爲爲爲爲爲							
子								
아들 자	子子子							
綱								
벼리 강	綱綱綱綱綱綱綱綱綱綱綱綱							

君爲臣綱　　父爲子綱

☆ 적당한 칸에 별표나 하트, 동그라미로 마음을 표현해 주세요!

☆☆	☆☆☆	☆☆☆☆	☆☆☆☆☆
천자는 원래 악필ㅋㅋ	언젠간 잘쓰게 될 거예요!	어디서 좀 배우셨나 봐요?	당신이 바로 한석봉!!

142일차 년 월 일

夫爲婦綱 是謂三綱

남편부 될위 부인부 벼리강   이시 이를위 석삼 벼리강

남편은 아내의 본보기가 되니 이를 삼강이라 한다.

夫								
남편부	夫 夫 夫 夫							
爲								
될위	爲 爲 爲 爲 爲 爲 爲 爲 爲 爲 爲							
婦								
부인부	婦 婦 婦 婦 婦 婦 婦 婦 婦 婦							
綱								
벼리 강	綱 綱 綱 綱 綱 綱 綱 綱 綱 綱 綱							

是							
이 시	是是是是是是是是是						
謂							
이를 위	謂謂謂謂謂謂謂謂謂謂謂謂謂謂						
三							
석 삼	三三三						
綱							
벼리 강	綱綱綱綱綱綱綱綱綱綱綱綱						

夫爲婦綱 是謂三綱

☆ 적당한 칸에 별표나 하트, 동그라미로 마음을 표현해 주세요!

☆☆ 천재는 원래 악필ㅋㅋ	☆☆☆ 언젠간 잘 쓰게 될 거예요!	☆☆☆☆ 어디서 좀 배우셨나 봐요?	☆☆☆☆☆ 당신이 바로 한석봉!!

143일차 년 월 일

父子有親 君臣有義

아버지 부 아들 자 있을 유 친할 친   임금 군 신하 신 있을 유 의로울 의

아버지와 아들 사이는 친해야 하고,
임금과 신하 사이에는 의리가 있어야 한다.

父								
아버지 부	父 父 父 父							
子								
아들 자	子 子 子							
有								
있을 유	有 有 有 有 有 有							
親								
친할 친	親 親 親 親 親 親 親 親 親 親 親 親 親 親							

君						
임금 군	君君君君君君君					
臣						
신하 신	臣臣臣臣臣臣					
有						
있을 유	有有有有有有					
義						
의로울 의	義義義義義義義義義義義					

父子有親 君臣有義

☆ 적당한 칸에 별표나 하트, 동그라미로 마음을 표현해 주세요!

☆☆ 천재는 원래 악필ㅋㅋ	☆☆☆ 언젠간 잘쓰게 될 거예요!	☆☆☆☆ 어디서 좀 배우셨나 봐요?	☆☆☆☆☆ 당신이 바로 한석봉!!

144일차   년   월   일

夫婦有別 長幼有序

남편 부   부인 부   있을 유   나눌 별   어른 장   어릴 유   있을 유   차례 서

부부 사이에는 구별이 있어야 하고,
어른과 아이 사이에는 차례가 있어야 한다.

夫								
남편 부	夫 夫 夫 夫							
婦								
부인 부	婦 婦 婦 婦 婦 婦 婦 婦 婦 婦							
有								
있을 유	有 有 有 有 有 有							
別								
나눌 별	別 別 別 別 別 別 別							

長							
어른 장	長長長長長長長長						
幼							
어릴 유	幼幼幼幼幼						
有							
있을 유	有有有有有有						
序							
차례 서	序序序序序序序						

夫 婦 有 別 長 幼 有 序

☆ 적당한 칸에 별표나 하트, 동그라미로 마음을 표현해 주세요!

☆☆ 천재는 원래 악필ㅋㅋ	☆☆☆ 언젠간 잘쓰게 될 거예요!	☆☆☆☆ 어디서 좀 배우셨나 봐요?	☆☆☆☆☆ 당신이 바로 한석봉!!

145일차 　년　월　일

朋友有信 是謂五倫

벗 붕　벗 우　있을 유　믿을 신　　이 시　이를 위　다섯 오　인륜 륜

친구 사이에는 믿음이 있어야 하니 이를 오륜이라 한다.

朋							
벗 붕	朋朋朋朋朋朋朋						
友							
벗 우	友友友友						
有							
있을 유	有有有有有有						
信							
믿을 신	信信信信信信信信						

是						
이 시	是是是是是是是是是					
謂						
이를 위	謂謂謂謂謂謂謂謂謂謂謂謂謂謂					
五						
다섯 오	五五五五					
倫						
인륜 륜	倫倫倫倫倫倫倫倫倫倫					

朋	友	有	信	是	謂	五	倫

☆ 적당한 칸에 별표나 하트, 동그라미로 마음을 표현해 주세요!

☆☆ 천재는 원래 악필ㅋㅋ	☆☆☆ 언젠간 잘쓰게 될 거예요!	☆☆☆☆ 어디서 좀 배우셨나 봐요?	☆☆☆☆☆ 당신이 바로 한석봉!!

146일차 년   월   일

人所以貴 以其倫綱

사람 인　바 소　써 이　귀할 귀　　써 이　그 기　인륜 륜　벼리 강

사람이 귀한 이유는 오륜과 삼강이 있기 때문이다.

人							
사람 인	人 人						
所							
바 소	所 所 所 所 所 所 所 所						
以							
써 이	以 以 以 以 以						
貴							
귀할 귀	貴 貴 貴 貴 貴 貴 貴 貴 貴 貴 貴						

以						
써 이	以以以以以					
其						
그 기	其其其其其其其其					
倫						
인륜 륜	倫倫倫倫倫倫倫倫倫					
綱						
벼리 강	綱綱綱綱綱綱綱綱綱綱綱綱					

人所以貴 以其倫綱

☆ 적당한 칸에 별표나 하트, 동그라미로 마음을 표현해 주세요!

☆☆ 천재는 원래 악필ㅋㅋ	☆☆☆ 언젠간 잘쓰게 될 거예요!	☆☆☆☆ 어디서 좀 배우셨나 봐요?	☆☆☆☆☆ 당신이 바로 한석봉!!

147일차 년   월   일

行必正直 言則信實

행실 행   반드시 필   바를 정   곧을 직   말씀 언   곧 즉   믿을 신   성실할 실

행동은 반드시 바르고 곧게 하고, 말은 믿음직스럽고 성실히 하라.

行						
행실 행	行行行行行行					
必						
반드시 필	必必必必必					
正						
바를 정	正正正正正					
直						
곧을 직	直直直直直直直直					

言								
말씀 언	言言言言言言言							
則								
곧 즉	則則則則則則則則則							
信								
믿을 신	信信信信信信信信信							
實								
성실할 실	實實實實實實實實實實實實實實							

行	必	正	直	言	則	信	實

☆ 적당한 칸에 별표나 하트, 동그라미로 마음을 표현해 주세요!

☆☆ 천재는 원래 악필ㅋㅋ	☆☆☆ 언젠간 잘 쓰게 될 거예요!	☆☆☆☆ 어디서 좀 배우셨나 봐요?	☆☆☆☆☆ 당신이 바로 한석봉!!

148일차 년 월 일

容貌端正 衣冠整齊

얼굴 용 모양 모 단정할 단 바를 정   옷 의 갓 관 가지런할 정 가지런할 제

용모는 단정히 하고, 옷차림은 반듯하게 하라.

容							
얼굴 용	容容容容容容容容容容						
貌							
모양 모	貌貌貌貌貌貌貌貌貌貌貌貌						
端							
단정할 단	端端端端端端端端端端端端						
正							
바를 정	正正正正正						

衣							
옷 의	衣 衣 衣 衣 衣 衣						
冠							
갓 관	冠 冠 冠 冠 冠 冠 冠 冠						
整							
가지런할 정	整 整 整 整 整 整 整 整 整 整 整 整 整 整						
齊							
가지런할 제	齊 齊 齊 齊 齊 齊 齊 齊 齊 齊 齊 齊 齊						

容貌端正 衣冠整齊

☆ 적당한 칸에 별표나 하트, 동그라미로 마음을 표현해 주세요!

☆☆	☆☆☆	☆☆☆☆	☆☆☆☆☆
천재는 원래 악필ㅋㅋ	언젠간 잘쓰게 될 거예요!	어디서 좀 배우셨나 봐요?	당신이 바로 한석봉!!

149일차   년   월   일

居處必恭 步履安詳
살 거 　처할 처　 반드시 필　 공손할공　 　걸음 보　 밟을 리　 편안할 안　 자세할 상

집에 있을 때는 공손히 하고, 걸음걸이는 편안하고 조용하게 하라.

居							
살 거	居居居居居居居居						
處							
처할 처	處處處處處處處處處處						
必							
반드시 필	必必必必必						
恭							
공손할 공	恭恭恭恭恭恭恭恭恭恭						

步							
걸음 보	步 步 步 步 步 步 步						
履							
밟을 리	履 履 履 履 履 履 履 履 履 履 履						
安							
편안할 안	安 安 安 安 安 安						
詳							
자세할 상	詳 詳 詳 詳 詳 詳 詳 詳 詳 詳						

居 處 必 恭 步 履 安 詳

☆ 적당한 칸에 별표나 하트, 동그라미로 마음을 표현해 주세요!

☆☆	☆☆☆	☆☆☆☆	☆☆☆☆☆
천재는 원래 악필ㅋㅋ	언젠간 잘 쓰게 될 거예요!	어디서 좀 배우셨나 봐요?	당신이 바로 한석봉!!

 년　월　일

作事謀始　出言顧行
지을 작　일 사　꾀할 모　처음 시　나갈 출　말씀 언　돌아볼 고　행실 행

일을 시작할 때는 신중히 하고, 말을 할 때는 행동을 돌아보아라.

作							
지을 작	ノ亻亻⺅竹作作						
事							
일 사	事事事事事事事事						
謀							
꾀할 모	謀謀謀謀謀謀謀謀謀謀謀謀謀謀						
始							
처음 시	始始始始始始始						

出						
나갈 출	出出出出出					
言						
말씀 언	言言言言言言言					
顧						
돌아볼 고	顧顧顧顧顧顧顧顧顧顧顧顧顧顧顧顧					
行						
행실 행	行行行行行行					

作事謀始 出言顧行

☆ 적당한 칸에 별표나 하트, 동그라미로 마음을 표현해 주세요!

☆☆ 천재는 원래 악필ㅋㅋ	☆☆☆ 언젠간 잘쓰게 될 거예요!	☆☆☆☆ 어디서 좀 배우셨나 봐요?	☆☆☆☆☆ 당신이 바로 한석봉!!

151일차 년   월   일

常德固持 然諾重應

항상 상 덕 덕 굳을 고 잡을 지   그럴 연 승낙할 낙 신중할 중 응할 응

변하지 않는 덕은 굳게 지키고, 승낙을 할 때는 신중히 응하라.

常							
항상 상	常常常常常常常常常常						
德							
덕 덕	德德德德德德德德德德德						
固							
굳을 고	固固固固固固固固						
持							
잡을 지	持持持持持持持持持						

然								
그럴 연	然然然然然然然然然然然							
諾								
승낙할 낙	諾諾諾諾諾諾諾諾諾諾諾諾諾							
重								
신중할 중	重重重重重重重重重							
應								
응할 응	應應應應應應應應應應應應應應應							

常德固持 然諾重應

☆ 적당한 칸에 별표나 하트, 동그라미로 마음을 표현해 주세요!

☆☆	☆☆☆	☆☆☆☆	☆☆☆☆☆
천자는 원래 악필ㅋㅋ	언젠간 잘쓰게 될 거예요!	어디서 좀 배우셨나 봐요?	당신이 바로 한석봉!!

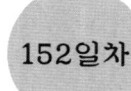

飮食愼節 言語恭遜

마실 음　먹을 식　삼갈 신　절제할 절　　말씀 언　말씀 어　공손할 공　겸손할 손

음식을 삼가고 절제하며, 말을 공손히 하라.

飮							
마실 음	飮飮飮飮飮飮飮飮飮飮飮飮飮						
食							
먹을 식	食食食食食食食食食						
愼							
삼갈 신	愼愼愼愼愼愼愼愼愼愼愼愼愼						
節							
절제할 절	節節節節節節節節節節節節節						

言						
말씀 언	言言言言言言言					
語						
말씀 어	語語語語語語語語語語語語					
恭						
공손할 공	恭恭恭恭恭恭恭恭恭恭					
遜						
겸손할 손	遜孫孫孫孫孫孫孫孫孫遜遜					

飮食愼節 言語恭遜

☆ 적당한 칸에 별표나 하트, 동그라미로 마음을 표현해 주세요!

☆☆	☆☆☆	☆☆☆☆	☆☆☆☆☆
천재는 원래 악필ㅋㅋ	언젠간 잘쓰게 될 거예요!	어디서 좀 배우셨나 봐요?	당신이 바로 한석봉!!

153일차 년   월   일

莫談他短 靡恃己長
말막 말씀담 다를타 짧을단   말미 믿을시 자기기 길장

다른 사람의 단점을 말하지 말고, 자기의 장점을 믿지 마라.

莫				
말막	莫莫莫莫莫莫莫莫莫莫			
談				
말씀담	談談談談談談談談談談談談談談			
他				
다를타	他他他他他			
短				
짧을단	短短短短短短短短短短短			

靡								
말 미	靡靡靡靡靡靡靡靡靡靡靡靡靡靡靡							
恃								
믿을 시	恃恃恃恃恃恃恃恃恃							
己								
자기 기	己己己							
長								
길 장	長長長長長長長長							

莫談他短 靡恃己長

☆ 적당한 칸에 별표나 하트, 동그라미로 마음을 표현해 주세요!

☆☆ 천재는 원래 악필ㅋㅋ	☆☆☆ 언젠간 잘쓰게 될 거예요!	☆☆☆☆ 어디서 좀 배우셨나 봐요?	☆☆☆☆☆ 당신이 바로 한석봉!!

154일차 년   월   일

己 所 不 欲 勿 施 於 人
자기 기   바 소   아니 불 하고자할 욕   말 물   베풀 시 어조사 어   사람 인

자기가 원하지 않는 것은 남에게도 행하지 마라.

己							
자기 기	己 己 己						
所							
바 소	所 所 所 所 所 所 所 所						
不							
아니 불	不 不 不 不						
欲							
하고자할 욕	欲 欲 欲 欲 欲 欲 欲 欲 欲 欲						

勿								
말 물	勿勿勿勿							
施								
베풀 시	施施施施施施施施施							
於								
어조사 어	於於於於於於於於							
人								
사람 인	人人							

己	所	不	欲	勿	施	於	人

☆ 적당한 칸에 별표나 하트, 동그라미로 마음을 표현해 주세요!

☆☆ 천재는 원래 악필ㅋㅋ	☆☆☆ 언젠간 잘쓰게 될 거예요!	☆☆☆☆ 어디서 좀 배우셨나 봐요?	☆☆☆☆☆ 당신이 바로 한석봉!!

155일차   년   월   일

積善之家 必有餘慶
쌓을 적 착할 선 어조사 지 집 가   반드시 필 있을 유 남을 여 복 경

선행을 쌓은 집에는 반드시 후손에게 복이 있다.

積	積積積積積積積積積積積積積
쌓을 적	
善	善善善善善善善善善善善
착할 선	
之	之之之之
어조사 지	
家	家家家家家家家家家家
집 가	

必							
반드시 필	必必必必必						
有							
있을 유	有有有有有有						
餘							
남을 여	餘餘餘餘餘餘餘餘餘餘餘餘餘						
慶							
복 경	慶慶慶慶慶慶慶慶慶慶慶慶慶						

積善之家 必有餘慶

☆ 적당한 칸에 별표나 하트, 동그라미로 마음을 표현해 주세요!

☆☆	☆☆☆	☆☆☆☆	☆☆☆☆☆
천재는 원래 악필ㅋㅋ	언젠간 잘쓰게 될 거예요!	어디서 좀 배우셨나 뵈요?	당신이 바로 한석봉!!

156일차 년 월 일

不善之家 必有餘殃
아니 불　착할 선　어조사 지　집 가　　반드시 필　있을 유　남을 여　재앙 앙

선행을 쌓지 않은 집에는 반드시 후손에게 재앙이 있다.

不									
아니 불	不不不不								
善									
착할 선	善善善善善善善善善善善								
之									
어조사 지	之之之之								
家									
집 가	家家家家家家家家家家								

必								
반드시 필	必必必必必							
有								
있을 유	有有有有有有							
餘								
남을 여	餘餘餘餘餘餘餘餘餘餘餘餘餘餘							
殃								
재앙 앙	殃殃殃殃殃殃殃殃							

不善之家 必有餘殃

☆ 적당한 칸에 별표나 하트, 동그라미로 마음을 표현해 주세요!

☆☆ 천재는 원래 악필ㅋㅋ	☆☆☆ 언젠간 잘쓰게 될 거예요!	☆☆☆☆ 어디서 좀 배우셨나 봐요?	☆☆☆☆☆ 당신이 바로 한석봉!!

317

157일차 년 월 일

損人利己 終是自害
덜 손 사람 인 이로울 리 자기 기   마칠 종 이 시 자기 자 해칠 해

남의 것을 빼앗아 자기를 이롭게 하면 마침내 자기가 해를 입게 된다.

損								
덜 손	損損損損損損損損損損損							
人								
사람 인	人人							
利								
이로울 리	利利利利利利利							
己								
자기 기	己己己							

終	
마칠 종	終終終終終終終終終終
是	
이 시	是是是是是是是是是
自	
자기 자	自自自自自自
害	
해칠 해	害害害害害害害害害害

損人利己 終是自害

☆ 적당한 칸에 별표나 하트, 동그라미로 마음을 표현해 주세요!

☆☆ 천재는 원래 악필ㅋㅋ	☆☆☆ 언젠간 잘 쓰게 될 거예요!	☆☆☆☆ 어디서 좀 배우셨나 봐요?	☆☆☆☆☆ 당신이 바로 한석봉!!

158일차 년 월 일

禍福無門 惟人所召

재앙 화　복 복　없을 무　문 문　오직 유　사람 인　바 소　부를 소

화와 복은 문이 없어 오직 사람이 부르는 대로 온다.

禍 재앙 화	禍禍禍禍禍禍禍禍禍禍
福 복 복	福福福福福福福福福福
無 없을 무	無無無無無無無無無無
門 문 문	門門門門門門門門

惟							
오직 유	惟惟惟惟惟惟惟惟惟惟惟						
人							
사람 인	人人						
所							
바 소	所所所所所所所所						
召							
부를 소	召召召召召						

禍福無門 惟人所召

☆ 적당한 칸에 별표나 하트, 동그라미로 마음을 표현해 주세요!

☆☆ 천재는 원래 악필ㅋㅋ	☆☆☆ 언젠간 잘쓰게 될 거에요!	☆☆☆☆ 어디서 좀 배우셨나 봐요?	☆☆☆☆☆ 당신이 바로 한석봉!!

159일차 　년　월　일

嗟 嗟 小 子　敬 受 此 書
탄식할 차　탄식할 차　작을 소　아들 자　　공경할 경　받을 수　이 차　책 서

아! 아이들아, 공경히 이 책을 익혀라.

嗟										
탄식할 차	嗟 嗟 嗟 嗟 嗟 嗟 嗟 嗟 嗟 嗟 嗟									
嗟										
탄식할 차	嗟 嗟 嗟 嗟 嗟 嗟 嗟 嗟 嗟 嗟 嗟									
小										
작을 소	小 小 小									
子										
아들 자	子 子 子									

敬							
공경할 경	敬敬敬敬敬苟苟苟苟敬敬敬敬						
受							
받을 수	受受受受受受受受						
此							
이 차	此此此此此此						
書							
책 서	書書書書書書書書書書						

嗟嗟小子 敬受此書

☆ 적당한 칸에 별표나 하트, 동그라미로 마음을 표현해 주세요!

☆☆	☆☆☆	☆☆☆☆	☆☆☆☆☆
천재는 원래 악필ㅋㅋ	언젠간 잘 쓰게 될거예요!	어디서 좀 배우셨나 봐요?	당신이 바로 한석봉!!

160일차　　년　월　일

非 我 言 耄　惟 聖 之 謨
아닐 비　나 아　말씀 언　늙은이 모　　오직 유　성인 성　어조사 지　꾀 모

내가 늙어서 하는 말이 아니라, 성인의 가르침이다.

非							
아닐 비	非 非 非 非 非 非 非 非						
我							
나 아	我 我 我 我 我 我 我						
言							
말씀 언	言 言 言 言 言 言 言						
耄							
늙은이 모	耄 耄 耄 耄 耄 耄 耄 耄 耄 耄						

惟							
오직 유	惟惟惟惟惟惟惟惟惟惟惟						
聖							
성인 성	聖聖聖聖聖聖聖聖聖聖聖聖						
之							
어조사 지	之之之之						
謨							
꾀 모	謨謨謨謨謨謨謨謨謨謨謨謨謨謨謨謨						

非	我	言	耄	惟	聖	之	謨

☆ 적당한 칸에 별표나 하트, 동그라미로 마음을 표현해 주세요!

☆☆	☆☆☆	☆☆☆☆	☆☆☆☆☆
천재는 원래 악필ㅋㅋ	언젠간 잘쓰게 될 거예요!	어디서 좀 배우셨나 봐요?	당신이 바로 한석봉!!

note